大展好書 好書大展

大展好書 好書大展

·校園系列·

16

考試憑要領

劉孝暉／編著

大展出版社有限公司

前言

考試憑「要領」。例如數學問題不要去解答，立刻看答案，將解法整個默背下來，如果要解開問題，可能有再多的時間都不夠用。即使花了時間解答，但是如果能立刻記住答案，則其價值是相同的。只要默背大量的解法，幾乎大部分問題都能解答出來。

如果能知道這些要領，則大學升學考試就好像考機車駕照一樣，只是一種默背力的測驗而已。不過，大多數考生卻非常認真地將升學考試視為大事業，就是因為「要領」不好。

上補習班、預習、做漂亮的筆記，這些都與考試的本質無關。考試與性格、才能或偏差值無關。所謂鍛鍊思考力根本就是謊言。考試與創造性、邏輯性和智商都無關。只要著實地好好累積默背的「存款」，自然就能通過大學升學考試。

也許大家認為默背需要聰明的頭腦，但是完全不需要。你會說國語，會說國語就表示你記得住幾千、幾萬個單字。我想你大概知道考試要記住哪些東西呢！既然會說國語，就不必因為不會默背而感到煩惱了。記不住是因為「要領」不好。有些人會正面記英文單字或古文單字，或是認真地閱讀歷史書籍等很厚的參考書，這種做法當然記不住，因為記憶也需要「要領」。

本書公開藉著要領和默背，使你通過大學考試的考試術。這個方法是我在就讀高二時發現的。雖然我幸運地考上高中，但是卻沒有順利地升大學，可說是絕望劣等生的我，利用這個方法考上了大學。

事實上，沒有比拼命努力通過考試而獲得學歷更輕鬆的處世術了。根據某項雜誌的調查，都市銀行員一生的薪水，可能達到五千萬，在一流的企業為四千萬，在二流企業工作為三千萬。也就是說如果從一流的大學畢業，早點出人頭地，則收入會產生很大的差距。

是否能了解要領地用功、接受考試，對於一生的收入會產生二千萬以上的差距。所以大家不必擔心偏差值的問題，以大學為目標努力前進吧！

要多賺二千萬，需要多少時間呢?事實上只要一千五百小時就夠了。也許你覺得一千五百小時很長，但是如果從高三開始準備升學考試，一天需要四小時，如果從高二開始，一天只要二小時就夠了。一千五百小時就能夠得到二千萬，以時薪換算，約為一萬三千元。也就是說，用功準備考試是可以得到時薪一萬三千元的有效打工法。

但是，既然要學會要領，當然也會承受一些痛苦。如果你不希望在連鎖商店、速食店賺取時薪八十元，那麼，利用這些方法獲得時薪一萬三千元的工作吧！

目 錄

第二章　提升默背量的要領

——用最小的努力能確實記憶的方法到能夠產生集中力、幹勁的方法——

第三章　能使默背變成分數的要領

——從訂立取分的計畫方式，到利用最短時間寫完問題集的方法——

第六章 讓閱卷老師給你合格分數的要領

——從一分也不浪費的作答方法，到增加一分的考試術——

第一章　不必考慮偏差值，也能考進一流大學的要領

——如果相信「考試常識」、「偏差值神話」則應該考取的大學也無法考取——

●考試要領①●

考試不在於頭腦的聰明，在於「默背」與「要領」

大學考試就好像是「考駕照筆試」的默背力測驗

如果你認為「考試只有頭腦聰明的人才能獲勝，凡人根本不可能通過考試」，或是認為這是「ＩＱ的決戰」，那麼，我認為你眞的是受騙了，我不得不說你是個非常可憐的受害者。根據我的經驗來說，根本沒有這回事。即使是被視為難關的大學考試，也有一半的人能夠通過考試。即使沒有什麼靈感、頭腦不聰明、沒有思考力等，都不要緊，甚至有時候這些東西會成為考試的絆腳石。

考試的成敗與否並不是決定於頭腦的聰明，而在於要領。以前的馬拉松賽，男子無法打破二小時三十分鐘的關卡。而現在女子世界排名第一的馬拉松賽選手反而輕鬆打破二個半小時的紀錄。並非因為女子的體力比以前男子的體力更好，而是因為練習法和跑法等「要領」而造成的。

那麼，考試的「要領」到底是什麼呢？就是要有效記住所出的題目，也就是說要增加「默背的存款」。

考試是默背，我這麼說也許大家認爲是理所當然的事情，但是事實上是否能眞正貫徹默背的方法，恐怕就不得而知了。大部分都會事先預習，即使花再多時間預習，也沒有辦法提升默背量。與其花三小時預習，還不如在上課後三十分鐘的復習更能增加默背量。此外，有些考生會去解答數學的問題，這也是沒有意義之事，稍後將詳細叙述，看了答案，立刻將解法整個默背下來，就能提升默背量。做問題、做筆記、上補習班，這些都與默背無緣。

因爲現在的大學升學考試就是一種默背力考試。也可以說，現在大學的升學考試就是檢查你對於過去出過的問題到底知道多少的考試。

其證明，例如英文第一道問題，過去十幾年來大都是大意要約問題。而數學則一定會出一題空間圖形問題，歷史也有一定的問題。如果要考量一個人聰明與否，出這些題目根本沒有任何意義。大學考試就好像對考生說「要記住在這個範圍出的問題」。這麼輕鬆的考試，就好像考機車駕照的筆試一般。

大部分的大學出題傾向沒有改變的就是英文參考書，三十年、五十年的參考書，現在還在賣。

此外，即使教育部的指導綱領改變，也只是改變數學的『圖』，把它變成分冊改變型態而已，內容幾乎都沒有修改，這就證明了升學考試問題的傾向不變。

入學考試問題的傾向不變，是因爲出題的人相同。大學的講座制教授→助教→講師的制度井然有序，所以在下位者絕對不能忽略在上位者的權力，不能一意孤行，絕對不允許任性地出題。

我從學生時代開始，就擔任考生的家庭老師，結果發現問題傾向根本沒有改變，因此，指導學生學習對我而言一點都不困難。只要將自己接受考試時的技巧直接運用在學生身上就可以了。只要採用默背主義就夠了。

的確，這種考試制度對於我國將來的發展而言，是不好的，現在具有創造性和個性的人都被排斥，必須乖乖地記住應該要背的東西，只有「默背傻瓜」才能成爲優秀份子。這麼一來只會製造出畫一的人類，封殺了獨創性。

事實上，我們不論古今都是在這種制度下生存的。接受大學升學考試的挑戰，無可避免地，必須通過這種默背方法就夠了。

如果大學的入學考試成為「默背力考試」，則對策就很簡單了。因為不需要鍛鍊什麼思考力，只要將出的題目深具要領地整個背下來就可以了。當然，在實際社會上是需要思考力的。但是用來考試根本無用。例如，在國語方面即使擁有獨創的解讀方式，具有不錯的表現，但是沒有辦法得到分數。想要得分，一定要採用主考官所喜歡的符合一種型態，基於「感動」的模範答案。

數學也是如此。與其有一些具有靈感的天才般的答案，還不如依照模範答案做答，才能確實得到分數。入學考試主考官必須在短時間內看幾萬份答案卷，因此，天才的答案可能會因為計算失誤等而得零分，而模範答案即使答錯，也會得到一點分數。稍後詳述模範答案就是不需要思考力，將解答默背，任何人都會寫的答案。

我只藉著「要領」和「默背」就考取一流大學

我簡單自我介紹。雖然不是什麼驕傲的事情，但是老實說，我可以說是考試世界的勝利者。順利地考上高中之後，又順利地通過大學考試，進入醫學部就讀。我的弟弟，他還在大學就讀時就通過司法考試。當我這麼說時，也許大家會認為「哦，你們是頭腦聰明的家族嘛」，也許有人會認為「這些人所說的話怎麼可以當成我們的參考呢?!」

事實上並非如此。我的父親畢業於私立大學，母親高中畢業。而我的親戚也沒有人畢業於一流的大學。

弟弟在高中聯考時落榜，進入三流的私立中學就讀，有一陣子甚至拒絕上學。事實上他在小學二年級之前連字都寫不好。

老實說，我們兄弟的頭腦之聰明度和智商，只是非常普通而已。卻能成為考試的勝利者，是因為在較早的時期就看穿了無情的考試制度本質，一心努力默背與找尋要領。

我在高二時察覺「考試是默背與要領」。雖然幸運通過高中考試，可是一直是低空飛行，屬於劣等生。就讀高二後，不知道該怎麼學習才能使成績提升。後來我偷偷觀察班上第一名的同學的學習法，發現他的做法就是整個默背。周圍的人看起來好像很愚蠢的默背方法，事實上卻是很好的方法。

大家都認為「他的成績總有一天會退步」，但是自入學以來，校內的考試他每次都得第一名。即使一般人認為光靠默背無法通過的模擬考試，他也能得到很好的成績。我也模倣他的做法開始默背考試術，結果成績提升了。

另外一個「要領」，就是在你實際用功時自然就會學會的方法。也就是只學習考試所需要的項目。這樣就能得到高分。

不要花時間默背英文單字。即使背幾千個英文單字需要花很多時間。但是升學考試不會光考你英文單字的意義。

總之，不要只念英文，多做一些練習就夠了。如果還有餘力，就可以翻閱單字。不管默背什麼都需要要領。

本書中公開我自己所有關於考試方面的「默背與要領」，看到最後，相信各位的考試觀一定會改變，知道考試到底需要什麼！

考試要領②

數學也可以默背

數學可以先看解答，立刻默背，這樣就能提升實力

考試常識的謊言之一，就是認爲數學和其他科目不同，根本不可以整個默背，一般人都有這種根深蒂固的想法。認爲數學需要頭腦的柔軟度和感覺，同時要有解難題的思考力。學校和補習班的老師，甚至大衆傳播媒體都有這種說法，因此，每年有許多考生相信這種說法。反過來說，因爲許多人相信這種錯誤的說法，才使得像我這種了解要領的人通過大學考試。

的確，數學需要頭腦的柔軟性。但是，這是指進入大學之後學習高等數學才需要的，像類似的問題百年如一日般都會出現的大學入學考試，不要求什麼數學感。只要知道這個問題這樣解答的型態分類與解法就夠了，最好的捷徑就是不要靠自己的力量

解答，而是將解答整個默背。

我就讀高中時，爲了應付升學考試，解答數學問題的時間一週二次，到了期中、期末考時會出同樣的題目，考試範圍二百題，一次考試大約會出十題，所以要得到好分數，最好的方法就是將解法整個默背下來。於是出現一個將解答影印之後拿出來賣的「模範答案」者，當然賣的成績非常好，故事就從這裡開始了。

這個模範答案者原來是一位成績非常差的學生無法靠自己的力量做成解答，於是向成績好的學生借筆記本，抄寫之後做成原稿。等到高三快畢業時，他的數學竟然得到班上第一名。也就是說，他在抄寫時將解法型態整個默背下來，任何問題都知道該用什麼解法解答。因此，他不但具有通過升學考試的實力，同時，因爲他開始喜歡數學而選擇了理科。

他先靠默背力，最後成爲數學的名人，事實上不必如此鑽研深義，只要六十到七十分就可以通過考試，所以不必處理一些沒有看過的難題，只要好好掌握其他問題就能合格。例如理科考試「基本」二題、「標準」三題、「稍難」一題，六題中有五題整題默背下來，靠著我這種學習法，我敢保證八成的分數都能拿到。

我在大學時代曾擔任家教，當時有一位著名的私立高中的學生發生一件可悲的事情。我教他數學時，不斷地告訴他數學考試就是一個默背力測驗，而且我對他說：「下一次你要背到○○頁爲止」，但是他對於我的方法卻頑強地抵抗。

與其說抵抗，還不如說他原本頭腦聰明，遇到棘手的問題時，寧可花好幾個小時在桌前，想要靠自己的力量解決問題。但是，他沒有辦法完全消化問題，結果不但無法考取一流大學，甚至連二流大學都沒考上。

也許他眞的是頭腦比我更聰明的人。因爲好成績而進入名門中學就讀。在中學時代有秀才之稱，因此他感到非常驕傲。驕傲實在是非常煩人的東西，會讓你無法看清事物的本質——也就是說考試是默背與要領的本質。所以在享受自己的滿足感時卻落榜了。

因此，如果你是擁有奇妙的驕傲感的人，想要集中精神解決數學題或其他問題，請你改變自己的學習法。花二個小時解決難題，沒有人會稱讚你，類似的問題在眞正考試的有限時間內無法解開，同樣花二小時，還不如將問題與解答整個默背二十題，如此一來，到眞正考試時，才是對你有幫助到達「得分實力」的捷徑。

更進一步說，數學與其靠自己解開問題的「力量」，還不如靠解法的默背。先前敘述過，獨創性的答案，如果答錯時無法得分；一般的解法就算答錯，還能夠得到一些分數。

此外，在數學方面一旦產生的差距，光靠解答絕對無法形成大逆轉。數學的力量與解答的問題數成正比，解答問題時，做的不好的人解開了一題時，做的好的人可能解開了三題，其間產生很大的差距。這個差距如果以時間差來逆轉，則看到問題立刻默背解答是一件很好的方法。

這個方法對於即使數學不好的人，可以利用解答一個問題的時間記住三個問題的答案。所以「默背考試術」對於能力不好的人而言，可說是「逆轉考試術」。

只要默背解答，任何問題都可以組合解法解開

只要整個默背解法，就能解開考試問題嗎?也許會感到懷疑。但是絕對可以解開的。例如，想想你是如何引導出11＝2，35＝8這個計算答案呢。——根本不是解開的，而是默背答案罷了。

其次，再看1325＝38的計算題，當然，這是將默背的35＝8的「解法」和12＝3的「解法」組合而解開的。因爲數學是邏輯的世界，因此，一定可以藉由解法的組合分解出來。解開問題的能力，就在於你默背了多少解法型態。

即使看似困難的問題，也是完全相同的。如果解答數學的參考書有一冊，絕對無法征服他。事實上，升學考試的問頭經常都是重複過去的問題，所以默背是征服數學的唯一道路。

●考試要領③●

利用默背考試術就能考取一流的大學

數字的魔術「偏差值」不是絕對的

現在的考試體制，一般人認爲想要考取一流大學，必須在模擬考中屬於偏差值較高者，這是一般的「常識」。但是，這是眞的嗎？即使在模擬考試中擁有很好的成績，大型補習班認爲是可以考取一流大學的人，眞的能夠突破這些難關嗎？

老實說，各位考生太過執著於偏差值了。也可以說過於執著「偏差值」的現代迷信，自我限制「我是不行的」，會使自己變得非常頽喪。所以偏差值並不是絕對的。

例如，偏差值四十與七十，讓人覺得是一種令人絕望的差距。但是高中三年級學生以身高來看偏差值時，身高一七〇公分的人之中，如果偏差值爲五十，偏差值四十身高爲一六六公分，偏差值七十爲一七八公分。但是，身高一七〇公分以下的人比比皆是，如果再穿上高跟鞋，偏差值就變成六十或七十。也就是說，以身高而言，只有十公分左右的差距。

所以，這種差距對於個人的力量而言並非決定性的。這種程度的差距只要多用功，就能使你感受到之絕望的差距縮小。

忽略偏差值反而更容易考取好學校

一決勝負的考試中，偏差值不能決定勝敗。模擬考試的偏差值只不過是在不特定多數中排列出一些順序來，與希望考取學校的問題傾向沒有任何關係，只是出題中的相對評價而已。考試是在決定好的出題傾向中，看如何越過合格的最低標準而決定勝敗。

所以，偏差值對所有考生而言是「相對分數」而不是「絕對分數」。任何大學每年都會決定考取的最低分。考試則是必須以自己的理想大學的合格最低分爲目標，增加自己的「默背存款」，發展自己的「絕對分數」。配合希望考取的學校累積「默背存款」，掌握要領，則即使偏差值七十的秀才，也會被你打倒。

為什麼利用默背考試術考取一流大學呢？

一流大學難以抵擋要領和默背的考試術，我這麼說也許陷入偏差值迷信中的人無法相信。

一般考試基本問題二題、標準問題三題，稍難問題只有一題，所以如果能夠解答百分之五十的問題，達到最低錄取分就可以了。如果最簡單的基本問題全部都能解答出來，就能得到百分之四十的分數。如果二個問題是基本題，默背解法只要再答對二個問題，就能通過考試了。

事實上，這四題只要花三十分鐘就能答出來。如果考試時間爲一五〇分鐘，則還剩下將近二小時的時間解答一題，就能輕鬆過關。

所有的考試都會有幾題標準問題，有幾題基本問題。的確，如果遇到稍難的問題想要得到滿分是很困難的。但是考試合格的秘訣並不是得到滿分，而是要確實通過最低分，所以回答問題的方法很重要。

考試要領④

花一千五百小時考取大學的「畫圖式」時間分配術

將考試競爭的鐘點數量化，就能產生「要領」

考試的迷信之一，即「考試用功就是從基礎不斷地累積」，這是一般的想法。也就是說，認爲考試是「首先培養基礎力，再培養應用力，再處理考試的問題及難題……」，這是一般的方法論。如果這麼做，一天花十小時用功，只用五小時睡眠，這樣不斷地努力，恐怕時間也不夠用。

如果從基礎開始不斷地努力這種「積木型」的方法論，最大的缺點就是沒有明確的終點。當然有一個「合格」的概念終點，但是無法加以數量化，因此無法建立具體的「要領」。終點如果不數量化則沒有任何意義。像馬拉松賽設定四二·一九五公里的數量化終點，就能夠成立練習法、跑法、技巧等。以考試而言，以往的考試方式是沒有終點的馬拉松，只擁有一個勝利的概念終點，而不斷地往前跑而已。

考試用功如何形成數量終點呢？不要利用偏差值。偏差值是一種阻礙，會造成考試競爭含混不清，無法成爲數量的終點。先前敘述過，它是相對值並非絕對值。提升偏差值與考試的終點沒有任何關係。

我的結論是只能以默背量決定數量終點。因爲這麼一來才能最接近考取理想學校的合格最低分線。

考試用功要採取「畫圖式」

將默背量當成終點的學習法，用「畫圖」比喻各位就容易瞭解了。將必須記住的東西具體化，就是設定參考書、問題集，只要一一加以突破就可以了。我在高二的某個時期一直擁有這樣的想法。因爲就讀高二時，從學長那兒聽到很多該怎麼做才能合格的情報，看到爲了考試合格應該征服的「總量」，不需要成爲第一名，只要能夠超過最低標準就可以了，所以標準很簡單。接下來是按照戰略，深具要領地短時間內完成。因此，只要設定戰術即可。

此外，既然是畫圖，不管從哪裡畫都可以。也就是說，積木型是要從基本開始往上累積，屬於單一型態學習法。而畫圖是可以從難題及整個默背開始。何者屬於比較實戰型的做法，不用我說相信各位都知道了。畫圖要花幾小時呢？根據我和弟弟的經驗，以及高中時代朋友的學習量來判斷，大致爲一千到一千五百個小時。如果你希望在一年內考取國立大學，一天只要用功四小時就夠了。

從高二開始平均只要三小時。如果從高一開始認眞學習，大約一天只要花一個半小時去認眞學習，就能夠輕鬆地考取國立大學。

條件是在這段期間內的「默背存款」，也就是說默背的東西不可以減少。既然是畫圖，當然要添加一些色彩。必須利用復習保持默背量，當然，前面所說的一千五百小時，也包括在這個復習時間內。

而一千五百個小時中，到底該使用何種參考書或問題集，應該如何使用，在次章會爲各位詳細叙述。當然，如果一味地解答數學問題、預習或到補習班，時間根本不夠用。此外，數學、英文、國文到底何種教材要花幾小時畫圖呢？大致的標準在後面叙述，供各位參考。

加速度延伸「得分力」的畫圖式學習術

畫圖式的特徵，就是在接近完成時，利用考試得到的分數會提高。如果隨便地畫圖，只能得到五成的分數，但是如果自己拿手的科目五成完全塗滿之後，就可以得到五成的分數。這時如果題目脫離自己畫圖的範圍，就可能得到零分。

此外，半途而廢的畫圖方式，與白紙完全相同。所謂默背，如果不花點工夫，遇到困難的問題根本沒有辦法處理。如果每個單元都是薄薄塗上一層色彩，無法得到好分數。當畫圖部分增多時，出題如果正好在你默背的圖畫中，則相關的知識會增加，就能得到高分。

認識畫圖式，就可以了解復習的重要及默背的意義。利用畫圖的方式決定總量，不會因爲中途的偏差值而感到迷惑，如果將自己比做山時，就知道自己已經到達山的哪一個高度。

此外，也會產生很多的教訓，讓你了解不要到處接觸一點點，而是每個單元都必須征服。所以「把考試當畫圖」可說是提升各位考試學習效率的學習法。

●考試要領⑤●

去除偏差值秀才觀念

如果執著於「考試迷信」無法通過考試

先前談及考試有許多迷信。認爲別人這麼做我也要這麼做，便無法在考試競爭中掌握要領而獲勝。

如果中了別人迷信的圈套，就必須掌握要領趕緊逃脫才行。

第一迷信，就是補習班和學校老師被視爲考試的專業人士。他們在負責的學科方面的確是專業人士，但是並非整體考試的專業人士。考試的專業人士是在考試競爭中獲勝的我們，是在考試現場搏鬥的諸君。假設英文老師參加英文考試，也許英文可以得到接近滿分，但是考其他科目可能將近零分。

也就是說，以綜合力而言，考生比較高。事實上，老師也不可能考量所有的科目而傳授知識或出題。老師只有自己負責科目的成績比較好而已。即使自己的科目成績很高，但是其他科目可能分數較低。因此，參加考試的人必須掌握整個考試的平衡，自己描繪出考試的藍圖。此外，與其相信學校老師所說的話，還不如側耳傾聽學長、同學的建議，多學一些學習法，以幫助自己的考試。

第二種是，很多人認爲考試學習是一種「智慧勞動」。

智慧勞動是一種思考力、企劃力、獨創性、構想力等，這些能力與考試完全無緣。我一再強調，考試只是測驗默背力的方法。

考試學習就好像農作物一樣。農民每天到野外很有耐心地耕種，在默背的田中插上秧苗、增加默背量，就製造業而言也是如此。一些具有純熟技巧的技師們，每天努力製造一些精巧的東西，你就好像技師要完成自己的製品一樣，必須細心地增加自己的默背能力。

如果將這種智慧勞動加以美化，很多人認爲頭腦聰明＝思考力等，結果就會降低默背的精度。如果你要持續默背學習，就必須覺悟自己是「肉體勞動者」。

第三個迷信，就是考試時想到「耐性論」。考試所需要的不是「耐性」，而是

「要領」。一些大型的補習班會提出「日日是決戰」的口號。此外，許多考試雜誌也經常看到「耐性」或「努力」的字眼。

但是，耐性沒有辦法產生工夫。沒有工夫就沒有進步。如果想靠單調的努力來克服無法完成事情，問題永遠沒有辦法解決。

感覺考試學習很痛苦，並不是因爲沒有耐性，而是因爲工夫不夠。要忘記耐性、發揮要領，想出新的方法，才能提升效率。

考試學習需要創造力和構想力的局面，使作業本身非常痛苦，當要將作業系統化時，就需要思考力、構想力或創造力。也就是說「只做必要的事情」或「想出自己可以學會的學習法」。這種輕鬆的姿態才能產生勝利。

事實上，有一陣子強調「耐性」的補習班，雖然有很多優秀的學生齊聚一堂，但是強調以「教法」取勝的另外一個補習班，考上大學的人數比前一個補習班更多。

第四個迷信，就是考試要捨棄友情或遊戲。事實上，我認爲想要享受考試學習之樂，提升效率，應該擁有更多的同伴。有人說對於考試而言，其他考生全都是自己的競爭對手，但是我認爲這是錯誤的觀念。一些被視爲升學學校的學校，許多人能夠順利通過考試，就是因爲學生們齊聚一堂一起努力。所以我認爲就讀高中時重視友情非常重要。

很多中學都荒廢了學生的精神生活，只是一味地想要順利通過大學聯考。甚至有些同班同學中只是看過這個人，根本不知道他的名字。事實上，同學是擁有相同的意識的戰友。敵人則是不特定多數的全國考生。考生還是能夠成爲朋友，互相鼓勵，互相交換學習法情報。

此外，不懂的問題可以互相研究，可以輕鬆地默背。此外，在考場如果有同伴，會使自己更爲安心，擁有朋友的優點眞的非常多。

所以對考生而言，一定要捨棄周圍的人全都是自己競爭對手的狹窄想法，擁有考試戰爭的同志，建立友情，才是考試合格的捷徑。

第二章　提升默背量的要領

——用最小的努力能確實記憶的方法到能夠產生集中力、幹勁的方法——

考試要領⑥

利用「截止效果」，提升默背效率

三百六十五天，以熬一夜而用功的方式，一定能夠通過考試

我想當你在孩提時代，老師一定曾告訴你「臨時抱佛腳是沒用的」。相信這種「平常日積月累很重要，臨時抱佛腳沒有用」的百年如一日之夢話，絕對無法通過考試。草率學習法的代表，就是「熬一夜」，也就是學習考試的秘訣。

你們在定期考試之前，是否有熬一夜的經驗呢？想想當天的情形，與平常相比，相信一定非常充實吧！必須花一個晚上的時間將所有的考試範圍都看過，就能產生與平常完全不同的能量。

能量的泉源就在於考試這個「截止日期」來臨了。「已經沒有時間了」的火燒屁股時，就能夠發揮相當大的集中力，背誦的數量比平常的更多。

俄羅斯的文豪托斯特耶夫斯基，在生活上是一位完全的性格破綻者，爲了支付賭金，因此必須寫稿，寫稿之後又去賭博，結果又借錢，爲了償還債務，他幾乎一年到頭都在寫稿，有時候來不及，只好以口述筆記的方式趕上截稿時間。

在忙碌的情況下，他必須不斷地寫，結果才產生了『罪與罰』等偉大的著作。

不只是托斯特耶夫斯基，許多小說家每當「截稿期」到達時，就會產生好的作品。日本小說家吉行淳之介在某個小品文中寫著，面臨截稿期時，趕不出稿子是很痛苦的事情，但是這並不意味著不設定截稿期比較好。

「打賭」即使持續失敗，也能培養合格力

爲了產生熬夜的能量，需要「截止期」，而定期考試不是每天都有，因此，必須自己下意識地創造一些截止期。最好的方法就是同伴間的「打賭」。

我經常會和心意互通的三、四個朋友一起互相出題，比賽誰得的分數較高。這不是普通的競爭，甚至有時賭一百元或二百元，就能產生截止效果。此外，打賭也會產生截止效果以外的各種效用。

也就是，能夠出對手盲點的題目，也可以知道自己的弱點。當然，也可以掌握出題的想法，知道出題傾向。此外，自己出過的題目也絕對不會忘記。出題者給你的問題雖然很快就會忘記，但是自己積極出的題目會留下強烈的印象，不易忘記。

藉著享受這種打賭之樂，將漫無目的度過的休息時間當成學習時間，具有一石二鳥、三鳥的作用。

根據我的經驗，這種打賭英文單字、片語，賭數學特別有效。只要花一點點時間，和同伴們一邊談笑風生，一邊打賭競賽，眞的是一大樂事。很多人認爲考試就是坐在桌前孤獨奮鬥，但事實上像這種友誼是必要而不可或缺的。

此外，定期考試或模擬考試也可以當成打賭的競賽，使截止效果倍增。

我的班上有人就喜歡在每次考試時打賭。以考試分數的勝敗來決定喝餐廳的冰咖啡或可樂。雖然是自己主動挑戰，可是每次都輸了，連輸了四十場。因爲他每次都是向班上的第一名挑戰，但是這位每一次都輸的同學卻考取了一流大學。

此外，即使是用小額的金錢做賭注，也會產生一種好像面臨考試的迫切感，提高集中力。此外，輸的時候非常懊惱，也會成爲下一次用功的跳板。在這種情況下持續打賭，希望在打賭的情況下得到高分，等到眞正考試時，就有很強的能力了。

人類的心理的確非常有趣，在考試時取得好分數本身是一件抽象的事情，並沒有什麼實際的感覺。但是如果花二百元賭一杯冰咖啡，成功報酬具體出現時，就會湧現競爭心。考試有時就必須利用這類朋友。

- 打賭可利用英文單字、片語、數學來進行。
- 打賭定期考試能增加集中力。

●考試要領⑦●

藉著「利用忘卻曲線」的復習，增強記憶

製作默背勝敗表，知道自己的「忘卻曲線」

人類的記憶放任不管時，就會慢慢消失。此外，就算想記住的東西放任不管，久而久之也會忘了。當我還是考生時，記住的東西不久就忘記了。但是，考試如果不能增加「默背存款」，則無法通過考試。

爲避免默背努力浪費了，一定要復習。一次默背的東西必須要檢查幾次，避免遺忘。定期復習，反覆復習就能使得記憶停留在腦海中，成爲固定記憶。但是，復習的時機很重要，太早沒有意義，太晚又已經完全忘光了，必須從頭開始。

因此，我調查自己的「忘卻曲線」。所謂忘卻曲線，就是如後面的圖表所示，是表示人類忘卻的量與時間的關係表。這是十九世紀著名的實驗心理學家艾賓格哈斯所

發現的。

忘卻曲線具有個人差異。有的人記住的東西百分之五十在一週內就忘光，有的人十天才會忘記。如果知道自己忘記的速度，也就是忘卻曲線，就知道有效的復習期限，謀求正確的對策。

要知道忘卻曲線，就必須製作默背的「勝敗表」。像我每天背五十個英文片語，一週後在勝敗表中記錄到底還記得幾個。

此外，前一天默背的事項，第二天早上復習時，一週後還要檢查到底還記得多少，製作成圖表。調查最適合自己的復習時期。

根據艾賓格哈斯的研究，忘卻曲線具有個人差異。一般而言，人類記憶在最初的一週左右會忘掉百分之六十～七十，但是一週過後，即使過了一個月，忘卻的情況會緩慢進行。也就是說，學習剛過後會急速忘卻，爲了防止這種情形，學習之後必須立刻復習。

此外，默背勝敗表還有這樣的使用方式。也就是說，像英文片語、歷史事件等默背內容，每個月在決定好的日子進行默背檢查，製作勝敗表。例如『基本英文七百選』的前半部，六月二百勝一五〇敗，七月二八〇勝七十敗，八月三三〇勝二十敗，以這樣的方式做成紀錄，就可以具體了解自己記住多少，忘了多少，必須記住的是什麼，如此一來就能謀求對策。此外，透過整個考試學習，知道自己的默背存款到底到達何種程度，可以當成訂立長期計畫的參考。

努力一夜，起床後花十分鐘復習

期中考、期末考時，好不容易記住的東西都可能會忘了，例如努力一夜記住的東西，努力一夜產生爆發的能量，但是記住的東西可能立刻就忘記了，因此必須藉著復習貯存「記憶存款」。

根據艾賓格哈斯說，一般而言，人類的記憶記住之後七～十小時內會急速忘卻。如果花一整夜的時間默背，在七～十小時後做第一次復習，就能夠提高記憶的固定率。我如果在考試前一天默背一個晚上，熟睡之後第二天早上早起三十分鐘，復習前一天晚上默背的內容。

有句格言說：「睡覺可以忘記昨天的事情，因此人類才能活著」，的確，昨天記

■艾賓格哈斯的忘卻曲線

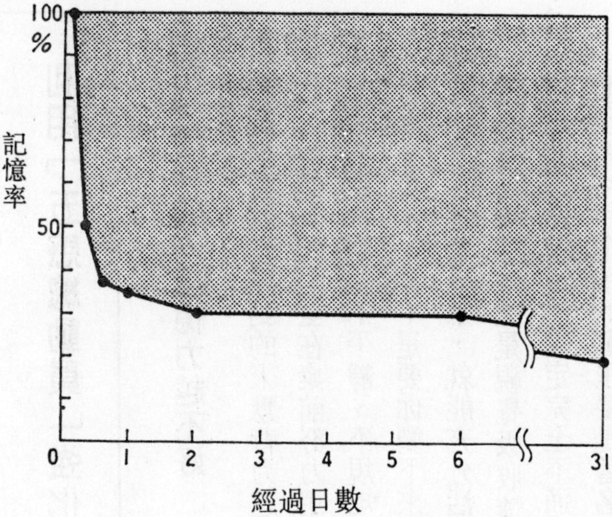

得的東西第二天早上會忘得差不多了。但是清醒之後趕緊復習前一天晚上的內容，則很容易就會想起忘記的東西。與其晚上一邊打瞌睡一邊用功二小時，還不如早起三十分鐘復習，更能增加默背的內容。

只要三十分鐘從新喚起記憶，就能提升一夜努力的效果。早起的功效的確不錯。

・利用默背調查自己的忘卻曲線。

・每個月在決定好的曰子做默背勝敗表，較容易訂立長期計畫。

考試要領⑧

利用「五感總動員」強化默背力

禮貌越周到的人記憶力越不好

我認為禮貌越周到的人默背力越不好。聽一些「花幾個小時也記不住」的考生所說的話，他們眞的是坐在桌前努力用功，如果你也想靜下來用功，請趕緊停止這種做法吧，因為默背需要不平靜、不規矩。

所謂不規矩，並不是要你躺下來用功，相反地，應該站起來在房間裡來回走動，大聲念出來，這麼一來，就能充分活用五感，默背該背的東西。

坐在桌前用功，光是視覺吸收情報，如果一邊走一邊發出聲音來，讓五感總動員，則吸收力及記憶的固定完全不通。

發現特洛伊遺跡的蘇里曼是著名的語學天才，他的學習法是一邊走一邊朗讀的方法，不管任何文章先朗讀幾次，在房間裡，散步時或上班的中途，走走停停地默背、因此他學會了古希臘文及數國語文。他在中年之後成爲成功的事業家，由此可知，五感總動員法能夠提高默背的效率。

運動皮質和知覺皮質的同時刺激能提高集中力

關於這個方法，也許有的老師們會認爲「無法平靜下來」或「無法集中精神」。事實上，不規矩的做法反而能使頭腦充分運轉，因此不必在意任何的雜音。我背英文片語時，就是經常在桌上放本書，站在那兒朗讀。

一邊走一邊默背，站在那兒或回到桌前再確認一番。這時，在三小時的學習中，坐在桌前的時間只有二、三十分鐘而已。桌子不是主要的用功場所，只是將書擺在那兒，有時候回來看一看，當成一個閱讀站而已。用功必須使用整個房間來進行。

這種不規矩用功法，在我當考生的時代，根據我的經驗，這種方法能提升我的記憶力。大學時學習大腦生理學，經由醫學證明這是非常合理的方法。很多人說，知覺皮質和運動皮質位於非常接近的位置，只要充分活動手腳，就能使腦充分活動。坐在那兒學習，在坐下的瞬間只有知覺發揮作用，但是一直坐在那兒就會忘記這種感覺，這時運動皮質會沈睡，集中力衰退。站立或走路時一邊默背，能夠刺激運動皮質，維持集中力。刺激向心神經更能產生強烈的集中力。

在第一章中曾叙述過，默背是「肉體勞動」，這並不是一種比喻性的說法。事實上，默背的效率必須要活動全身才能提高。

因此，德國哲學家康德構成『純粹理論批評』的邏輯時，是一邊散步一邊思考而構成的。日本哲學家西田幾太郎在京都大學旁邊的哲學小徑散步，以鍛鍊思想，這些都是著名的話題。他們的智慧泉源，就是這種「邊走邊想」的思考法。

不必走太快，揮揮手也不錯。我讀高中時班上第一名的人，他的做法就有點奇怪了。考試之前他會不斷地繞自己的手，一邊繞一邊用功讀書，對於周圍的人會造成一些困擾，而他卻若無其事地說：「這樣子我才記得住，對不起哦！」此外，我的弟弟默背歷史時，幻想要將這些內容告訴自己所喜歡的女孩，因此自己當起老師上課。這就是運用五感的方法。

這種不規矩用功法，並非越粗暴越好，必須有一些經驗的技巧，接下來介紹。首先是運動方式型態化。我會站著或走來走去，我的同學則是不斷地繞手，這都是一種型式化的運動。這種型式化的運動可以自己建立。

例如，①坐在桌前、坐在椅子上背誦片語→②翻閱書籍→③站起來一邊走一邊背誦二次→④回到桌前，站立看書→⑤確認是否記住了，坐在椅子上。重複這些動作，逐漸就能默背了。這種行動型態，能夠集中意識十～二十秒?不斷刺激大腦。

第二是，記憶新的事物，以及藉由復習改變身體的活動方式。第一次是一邊走一邊用朗讀的方式記憶，復習時就可以利用書寫的方式。朗讀是以聽覺爲主，書寫的是以視覺爲主。運用不同的感覺，使記憶確實發揮作用。

第三是，坐在「學習站」桌前時，最好在紙上寫下一些內容。

對於任何科目而言都是如此。實際上寫化學反應式，能夠記住反應的原則，數學問題的默背或計算，可以寫在紙上，產生實際的感覺。尤其數學的解決如果不能完全記住，就無法運用。因此，如果未寫出來，就表示沒有確實記住。

所以，我在開始準備考試的日子，會準備許多草稿紙來寫東西。什麼紙都可以，只要能寫就好了，必須準備大量的紙。絕對不要捨不得，要盡量寫。一道數學問題可以用掉一張紙。總之，運用指尖寫在紙上很重要。

坐在桌前時如果只是看教科書或參考書等，只能讓視覺發揮作用，轉移爲書寫的作業，使得指尖的觸覺同時發揮作用。此外，書寫在聽課或聽廣播電台講座時都很重要。光是聽覺即使能夠產生集中力，沒有辦法成爲固定的記憶。所以可以將其寫在筆記本上，加以補強，就能提升默背效率。

「一邊做其他事一邊用功」是五感的自殺，有百害而無一利

同樣是不規矩的用功，所謂「一邊做其他事一邊用功」，對於考試用功和默背而言，是絕對禁止的做法。我就讀高二之前，就是這種「邊看邊做族」，一邊聽自己喜歡的音樂一邊坐在桌前用功，結果卻成爲絕望的劣等生。

默背時最重要的就是集中力。一邊做其他事情一邊用功，當然不具有集中力，而該記住的內容也無法記住了。即使長時間坐在桌前，卻辦不了事。爲了記憶，包括眼、耳、口、手在內，整個身體、精神都能集中，這一點最重要。默背是要用五感記住內容，如果任何一種受到妨礙時，就沒有辦法默背。即使能夠默背，效率也非常

差。一邊聽BGM，有人說能使腦的功能活性化，但是就我的經驗而言，這只適合發想力及思考力，不適合默背考試用功。尤其是有歌詞的音樂更不好。

總之，如果你眞的想一邊做其他事情一邊用功，那麼「一邊走」一邊默背英文單字。「一邊休息」一邊看復習卡，或是「一邊念出來」一邊記憶公式。如果一邊聽音樂一邊吃東西「一邊用功」，不算是眞正的用功。

- 將書桌當成學習站，使用整個房間用功。
- 一邊走一邊念一邊默背。
- 記住新的內容時，再復習時要運用不同的感覺。
- 上課或聽廣播電台講座時，不斷記筆記。

考試要領⑨

利用時間的「分隔、選別」引出默背集中力

以九十～一二〇分鐘為一單位用功，能提高集中力

從早到晚拚命用功，但是考試不合格的考生比比皆是。他們的做法當然不對，此外，時間的使用方式也不對。持續三、四小時坐在桌前熬夜，或是一邊做其他事情一邊學習，這種方法即使花幾個小時，也沒有辦法獲勝。

英國的用功術大家哈馬敦在『智慧生活』一書中曾說：「使時間浪費的最大敵人，就是錯誤的用功法」。考生因爲錯誤的用功法而浪費時間的人很多。

事實上，當我還是劣等生時，時間的使用方式錯誤。偶爾想要用功，可是我一邊聽音樂一邊用功，無法提升效率。但是眞正開始準備考試時，只要掌握以下三個重點，就能使默背的效率格外提升。

首先是不要想自己持續好幾個小時用功，以九十～一二〇分鐘爲一單位，集中精神在這個時間上努力用功。人類集中力的持續有一定的界限。很多考生決定一天的用功時間至多三小時或四小時，但是這是不了解頭腦使用方式的做法。

我的做法具體說明，就是集中精神，以九十～一二〇分鐘努力用功，然後好好休息。等到下一個九十～一二〇分鐘的時候則更換科目，重新提高集中力。

進入低潮時，進行復習或是應付拿手科目的問題集

認爲一天用功的時間是三～四小時，即使用功，不知不覺中卻浪費了很多時間。如果設定一單位爲九十分鐘時，自然就能發揮集中力，提高學習的效果。尤其默背時集中力是勝敗的關鍵。

關於這一點，採用這個方法就能使你更記得住。如果擔心時間結束而一直看鐘錶，無法集中精神，有時候可以使用鬧鐘。

這個九十～一二〇分鐘單位，與實際考試的時間非常接近，可以說是培養眞正考試時集中力的訓練。

此外，我就讀大學時學過大腦生理學，我知道經由實驗證明九十～一二〇分鐘是人類能夠集中精神的界限。如果變更作業內容，就能產生新的集中力。

第二、就是要區分低潮時期及狀況極佳時期的用功法。

低潮時期準備應付考試，以往能夠順利默背的東西卻怎麼也背不起來，默背效率降低；以往能輕鬆解答的問題，現在卻解不開了。這時只會不斷地浪費時間，而且情緒低落，什麼也不想做。每天好像傻子般拚命用功，經常會發生這種情形。根據我的經驗，這種失調現象一週會出現一次。

要逃離低潮期，有的人會爲了轉換心情而去玩。但是因人而異，做法各有不同。有的人玩耍能轉換心情，但有些人卻會變得更討厭用功，或是情緒低落。人的心理的確非常奇怪，不能一概而論。

我面對這種低潮時期，通常都會用來復習。基本上復習不需要使用頭腦。因爲是已經學過的東西。而且藉由復習，可以察覺「哦！原來我能記住這些」，就能產生元氣。爲了鼓勵自己而復習，最好能復習數學，因爲最容易記住。像英文或歷史等科目容易忘記，反而會令你更焦躁。

此外，復習要配合用功的步調。頭腦能夠輕快地運轉時復習，更能提升效率。面臨低潮期復習時，更能掌握自己的狀況。

這是某位著名的精神醫學家所說的，他知道自己屬於躁鬱性格，所以在憂鬱狀態時就會讀書，相反地，在焦躁的狀態時就會寫論文。

雖說在低潮時復習很好，但是有時候因爲上課的需要，還是必須往前進，這時可以做自己喜歡的科目。不要想「先應付棘手的科目」，先做喜歡做的事情，就能重新恢復用功的步調。事實上，我在做自己喜歡的科目時，發現已經脫離了低潮期。這時最好是做問題集，能夠自然地集中精神，而忘了自己處於低潮期。

在低潮期復習，到狀況佳的時候就能記住新的事物。準備考試時，需要這種時間的「選別」。

早晨型的生活適合考試用功

第三、就是要遵守早晨型的生活，不要熬夜用功，導致睡眠不足。

用功到深夜，覺得好像效率越來越好，能夠繼續用功，但是通常這是錯覺。很多作家直到深夜還在寫稿，認爲「完成了傑作」，睡了一覺，第二天早上再看原稿時，卻發現是令自己臉紅的內容，而感到很失望。考生也是同樣的情形。深夜時非常安靜，頭腦有點茫然，因而陷入「能夠用功」的錯覺中。

頭腦茫然是因爲睡眠不足。即使狀況很好，如果不讓頭腦休息而持續使用，再好的頭腦也會變笨。所以，要絕對避免一直用功到睡眠不足的情形。

事實上，考上一流大學的朋友幾乎都是一天睡七~八小時以上。睡眠能夠強化記憶。根據美國的心理學家詹金斯和格連巴克的實驗，讓學生們記住一大堆毫無意義、排列好的字，發現記憶後立刻睡覺群，比不睡覺仍然維持普通活動的學生，能夠記住五倍以上的內容。

有些人會省下夜晚睡覺的時間，而利用睡午覺來補充。但這是不對的。因爲這類的睡眠比較淺，無法去除頭腦的疲勞。結果只會不斷地延長睡眠時間而已。把睡眠分成二次是非常愚蠢的方法。睡覺必須集中時間熟睡，至少要睡七小時以上。

但是清醒之後，就不要一直躺在床上，要趕緊起身。

醒來之後在溫暖的被子裡仍然保持躺著的狀態，的確是人生最大的快樂，但是這麼做會使得頭腦不清晰，一整天都無法發揮作用。

哲學家康德是著名的過著規律正常生活的人士，不論夏天或冬天，早上五點起床，著有許多偉大的哲學書籍。所以，準備考試必須持續遵守早晨型的生活，也是一大關鍵。

- 陷入低潮時，不要接觸新的事物，要持續復習。
- 以九十～一二〇分鐘爲一單位更換科目。
- 用功九十～一二〇分鐘後，卽使參加眞正的考試也具有強大的力量。
- 準備考試期間，要持續遵守早晨型的生活。
- 睡眠不要分二次進行。

考試要領⑩

藉由「事前設定」遊玩日，就能產生強迫觀念

決定一週一次的遊玩日，當成對自己的「成功報酬」

著名的補習班標語「日日是決戰」，我認爲沒有比這句話更困惑考生的了。因爲準備考試這種單調的默背工作，是不可能三百六十五天每天都進行的。一定會感到厭倦、疲勞。如果一整年每天都不遊玩而持續用功，可說是考試失敗的第一原因。

大部分的人都有一週休息一次的休假日，人類如果一週不休息一次，就無法產生工作的慾望及學習的元素。考生一週也必須遊玩一次，這麼一來，才能提升每天的學習效率。但是，因爲本身擁有準備接受考試的目標，所以不能隨便遊玩，而必須考慮對考試有幫助的玩法。

美國學者提倡行動科學管理理論的馬格雷加曾說：「你所得到的報酬，就在於你是

否能夠犧牲自己而達成目標」。當時我不知道這個理論，但是我卻能將「遊玩」加以「成功報酬化」，而提高用功的集中力。

我念高三時看過二百部以上的電影，一週二次看二部電影，周圍的人也許會認為「你什麼時候會用功呢」。但是，這種一週二次到電影院看電影的「遊玩」，確實提升了我的學習能力。事情是這樣的，首先看一些情報雜誌，決定去看電影的日子。在此之前，我督促自己一定要將該默背的東西全部默背完成，背完後才去看電影，還沒有默背完之前絕對不能去看電影，自己做好這種決定。

當時我很喜歡看電影，所以這對我而言非常有效。在限定的時間內能徹底集中精神，做好該做的事情。

此外，考生的零用錢不可能讓我一年看一百部電影，但是我對母親說明理由。當自己把自己該做的事情做完的日子，母親就會給了一些「紅利」，這就是母親準備好的，對於我的努力之「成功報酬」。看電影回來後再看下一場電影之前，設定三～四天的目標。再次埋首苦讀，一整年重複這種方法，我考取了理想的大學。

我雖然去看電影，但是還是有一種方法，也就是說，其他人都在努力用功，只有我自己去玩，我會感到不安，於是我就會徹底利用這種不安。即使看電影時，也一定會帶著默背卡去。搭車時或在等待看電影的時間，就進行卡片復習。因爲自己在外面玩的愧疚感，使我提高了復習的集中力。此外，遊玩的日子對於用功的集中力更高。出去玩之前爲了達成目標，必須拼命努力，玩過之後又感到不安，因此，更會加速努力用功。

設定單純作業的「遊戲」，工作辛苦的邱吉爾

但是，光在腦海中想著遊戲也是不對的。勝負等遊戲到最後會造成反效果。我讀高中時，有一群喜歡打麻將的人，入學考試的成績並不好，所以如果遊戲，最好找像看電影這種單純的遊戲比較好。

英國首相邱吉爾每個週末會在郊外的自宅玩一些遊戲，去除自己擔任首相的辛苦工作。遊戲就是堆磚塊。有一天，看到堆在屋旁的磚塊，邱吉爾突然起了玩心，花了一整天的時間堆磚塊，在庭院中建立一道圍牆。

這麼單純的作業，令邱吉爾非常喜歡，因此，每個週末他就會堆磚塊做圍牆。

就好像大人的積木遊戲一樣，邱吉爾驕傲地說：「英國國內恐怕沒有人磚塊比我堆得更好了。」這個堆磚塊的工作，對他而言是最好的遊戲，藉著遊戲能轉換心情，而且也能讓他以全新的心態擔任首相的工作。

看電視可以看自己想看的節目。與其欠缺集中力，斷斷續續地用功，還不如看電視，使頭腦清晰之後再集中精神學習，更能提升效率。而自己想看的電視節目能夠刺激精神，使五感活性化，結果使腦活性化，提升默背效率。

況且，看電視前後擁有好像浪費一段時間的強迫觀念，反而更能提昇用功效率。絕對不能散漫地看，這樣會造成散漫。

看電影之後，有的人英文讀得更好，或是看小說之後，國文的學習能力更好。這就是遊戲能夠對學習造成刺激的好例子。

- **一週一次，決定遊玩日，提升整體效率。**
- **出去遊玩時，一定要帶默背卡。**

考試要領⑪

轉換方法，逃離「默背低潮」

可以轉換方法，逃離「默背低潮」

怎麼都記不住，或是即使記住，立刻就忘記了，相信大家都有這樣的經驗。這時即使一直坐在桌前，事態也無法好轉。

默背並不是靠耐性進行，而是靠要領進行。可以換個方法或場所，就能提升默背的效率，以下為各位介紹五種方法。

首先是，將默背的單體從機械型默背變成理解型默背。例如，如果記不住英文單字時，就記片語。記住片語自然就能培養記住單字的能力。也許有人認為記不住單字，怎麼有可能記住片語呢？但事實上沒有這回事。雖然單字很容易記住，但是記憶的固定率卻非常差。

在這一點上，片語是一邊理解一邊記住的，所以能確實固定在記憶中。不只是英文而已，數學或理科等問題比公式更容易記住，以社會科而言，文章比個別事項更容易在腦海中留下深刻的印象。

第二、是先做好默背的中心軸，使周邊的情報附著在軸中心的方法。如果必須記住的東西很多時，細節稍後再記，首先只記重要的事項。例如，我背十九世紀西洋文化史時，不會一一背各個藝術家或作品名稱，首先默背其背景浪漫主義、寫實主義、自然主義等概念，然後再默背各個作品名。這些重要事項在教科書和參考書中會以粗體字書寫，因而一目了然。

上課時老師也會反覆談到幾次，很容易在腦海中留下深刻的印象，因此，要記住重要事項，並不如各位所想的那麼困難。

與其一一背不容易記住的單字，或是執著於太過於詳細的個別事項，會浪費寶貴的時間。所以不拘泥於細節，必先掌握大綱，才能提升考試用功的默背效率。

例如，當我默背『英文單字試題』時，如果有二種意義時，首先我只記住一種。相反詞、同義語等最後再記。確實記住一個意義後再記其他意義。牢牢掌握最初默背的核心，才是最重要的一點。

此外，關於數學方面，即使看了答案也不了解的難題，要鼓起勇氣跳過不管。不要一直在那兒記憶而浪費時間。可以利用這個時間多記住其他問題，就能形成默背軸，增加理解力。最初很難默背的事項，自然而然地就能默背了。

第三、則是將默背內容逆轉或加工的方法。

如果有實在記不住的英文片語，我就以塡鴨式的方式記下來。此外，歷史方面則自己做一些考題，考考自己。

第四、是以好像教導別人的方式進行架空授課的方法。這個方法從很早以前就曾經記載在一些智慧書籍上，屬於自古流傳下來的有效方法。

大學時代，我擔任數學和英文的家庭老師。當時最感困難的就是如何讓學生了解。要讓別人了解，必須將每個問題由各種不同的角度加以檢討才行。教導他們時必須深入說明，所以以這種架空授課的方式自己教導自己。爲了要深入說明，平常沒有察覺的事項都能察覺了，這樣就能強化默背的效率。

換個場所，就能發現適合自己的學習法

第五、有時候更換ＴＤＯ，這也是打破僵局的一種方法。如果在自宅學習已經一成不變，感到很無趣時，可以前往圖書館用功。一些無聊事情只要花點工夫，就可以找出適合自己的學習法。由這個意義來看，如果陷入低潮或因爲記不住而陷入痛苦時，也可以說是掌握新的用功法的機會。

以我的情形而言，我在做考題時，我認爲在圖書館做最好。與其在自宅進行，周圍有其他人用功能增加讀書的氣氛。

我曾經在餐廳用功，準備國家醫師考試。在餐廳中可以從悲壯感中暫時解放，轉換心情。就好像有的作家在餐廳中寫小說一樣。星期天的早上有很多人會到餐廳喝咖啡，事實上，考生也可以學習這種方法。

也許各位會感到意外，餐廳這種雜音較多的環境，反而更容易產生集中力。日本研究莎士比亞的第一人者東大教授小田島雄志先生，每天會花一、二個小時在澀谷的某家餐廳從事翻譯工作。此外，日本漫畫家石森章太郎，據說在自宅附近的餐廳有自

己專用的桌子。

不一定要到餐廳，有時候可以到公園的長椅上讀英文。此外，感受到周圍有競爭對手一起努力用功的圖書館也不錯。如此一來，就會產生一種自己也必須用功的強迫觀念，湧現鬥志。

在車上也是可以默背的場所。尤其是坐在車上更容易默背。車中的雜音反而有助於集中精神。我以前上學在車上時每天花三十分鐘，反覆看二十張卡片三次，實行車中默背的方法。在人前也許會令你難爲情，事實上沒什麼難爲情的，這種方法反而能使你集中精神默背。

- 利用理解型的單體默背，記憶較容易固定。
- 最初集中背重要事項，建立默背軸。
- 好像自己是講師似地，進行架空授課，更能強化默背效率。
- 可在圖書館做一些考試問題，更能提高情緒。

第三章　能使默背變成分數的要領

——從訂立取分的計畫方式，到利用最短時間寫完問題集的方法——

考試要領⑫

不要以用功時間，要以用功量訂立計畫

如果不能以「量」而以「時間」訂立計畫，則用功計畫毫無意義

有些考生會安排緊湊的時間表。例如在暑假時開始，「上午九點開始二個小時內念英文，十一點開始到一點爲止念數學」等，訂立非常詳細的時間表。因爲我擔任家庭老師，遇到過幾位考生，當他們這麼做時，我會立刻建議他們停止這麼做。如果他們眞的希望以最短距離的方式考取理想的學校，則絕對不要採取這種計畫。

時間表越緊湊，就越難忠實地實行。有時候有事情，有時候會偷懶，最後變成要更改預定表好幾次，時間表露出破綻。

當我還是劣等生的高一時代，想要提升自己的成績，因此，也曾經訂立了詳細的用功時間表。但是有時有想看的電視和一些節目，時間表開始紊亂，結果我變成失去

用功的幹勁了。即使按照時間表進行，有時候只注意時間，欠缺集中力，太過於在意遵守形式，而忘記了實質。

就讀高二的夏天，眞正開始準備考試，有一陣子根本不訂立任何計畫，因爲我早就嚐到高一時的失敗滋味，但是如果擁有高明的計畫，當然也不錯。不要按照時間，而要按照用功量訂立計畫，就能形成一個非常明快的時間表。只有考生才會按照時間訂立計畫。企業則會利用營業額或利潤等「量」訂立計畫。營業員會考慮該如何提升營業額而訂立計畫，絕對不會以要工作幾小時的方式而訂立計畫。

這種以用功量爲主的計畫，就是先列一個大綱，例如本月要將英文『基本英文七百選』背完半本、數學則復習「行列」與「向量」。

有一個大致的計畫範圍，再以量的方式將每天的時間表加以計畫化。例如片語三十個、數學十題，再復習三十張卡片等，決定一天的復習量。

如果無法實行、無法消化時，也不必每天修正，將目標訂在達成當初大目標的量即可。

製作「用功家計簿」，就能進行默背的收支結算，提高集中力

以時間計算用功的程度，根本毫無意義，因爲用功所耗費之時間的質，依用功方式的不同而完全不同。例如，用功二小時背十個英文片語及背三十個英文片語，同樣是花了二小時，但是質完全不同。如果以時間表現，同樣是二小時，但以量表現時，卻有十個與三十個的明顯差距出現。

所以，用功並不是坐在桌前時間的長度。問題不在於用功所花的時間，而在於用功的結果，也就是默背的總量。如果用功的時間越長越好，則重考好幾次都落榜的學生應該更用功吧！

當然，要了解自己用功的程度如何，不要用時間，用量來測量最好。利用用功量記錄的「用功家計簿」可經常檢查。我的用功家計簿的記錄方式如下，供各位參考。

首先，在大學筆記本上畫一條線，每頁都有日期，上方寫著「圖表○頁到○頁」或「英文基本問題集○頁到○頁」，記入當天的用功量，每個月總結一次，計算當月的進度。進行的速度快則沒有問題，如果慢的時候，則要加強該科。

此外，當我集中精神在同樣的科目上時，將用功總量圖表化貼在桌前。這麼一來用功的內容不斷出現在眼前，就會出現一種必須用功的強迫觀念。這種強迫觀念就能產生集中力。

使用用功家計簿後，在一定的時間內的用功進度一目了然。例如先前一個小時背了十五個英文片語，這次卻花了五個小時才背二十個英文片語，就不會產生「進步或沒進步」的含混印象，而會形成具體的數字，能淸楚檢查出用功的進度。

利用家計簿，將默背的收支結算當成會計監查，檢討自己用功的程度，能夠客觀了解自己用功的狀況，對於用功的方式產生反省，就能產生更有效之用功法的工夫。例如，這個時候躺著用功，所以記不住，下一次應該坐在桌前集中精神。或是花了這麼多時間還是沒有用，是因爲晚上用功到太晚了，缺乏集中力所致，下一次一定要早起用功等，這樣就能改善用功法。

・用功計畫停止以時間爲單位，而用量訂立計畫。

・使用「用功家計簿」，就能增加集中力，花點工夫產生好的用功法。

考試要領⑬

棘手科目利用「頂上作戰」克服

不知不覺中克服棘手科目，解答難題集具有意外效用

任何人都會有一些棘手科目。相信有些人因此而拚命努力，但是卻無法克服棘手科目而有所感嘆。這是因爲認眞接受學校或補習班老師，好像口頭禪般似的說法「基本最重要」，因而與教科書或容易的問題集格鬥。爲克服棘手科目，重點並不是從基本開始，而是在於難題集的使用方法。

當我還是劣等生時，反覆地看教科書，希望能夠解答一些難解的物理問題，但是後來我逐漸了解，要解答問題集，甚至連基本問題我都沒有辦法解決。於是我好像虐待自己似地，去購買一般人認爲最困難的『難題的系統及其解法』來閱讀。

當然，對於當時在學校的考試一直拿零分的我而言，無法解開這些問題，只不過

是看問題與解答而已。結果，發現難題集的解答非常仔細，有些問題甚至讓我能夠了解解答的意義，繼續看下去時，我發現自己可以了解物理的世界了（當然只是指考試的水準）。後來遇到基本問題時，能夠順利地解答。也就是說難題集的仔細解答方式，使我學會解答的技巧。

一些考生，尤其是理科方面所謂棘手的問題，就是很難列出公式。情報量較少的教科書，絕對沒有辦法讓你學會列式子的方法，因此，精讀難題集是捷徑。

爲了克服棘手科目，從自己拿手的單元開始著手也很重要。雖說是棘手科目，但是因單元不同，困難度也不同。如果在學校的定期測驗中，有一些能夠得到分數的單元，也有一些不容易得到分數的單元，是常見的情形。

我學習物理時，就從可以得到分數的單元著手進行。因爲是自己的拿手項目，能夠得到好分數，所以可以從容易解決的問題開始著手。

同時我注意到，每一單元一定要好好地完成。雖說棘手，但是問題在於對於這個單元的默背量較少所造成的。只要徹底默背，將不懂的部分全部背下來，稍微用功一點就有進步，如果不願意默背，就無法克服棘手意識，當然也沒有辦法得到分數。即使增加更多單元，也沒有意義。所以最好確實掌握一單元後再移到下一單元。

此外，有時候我會借別人的筆記本來看，的確是很好的參考。因爲我了解「拿手」的人，對於對某些科目感到棘手的我而言，是站在不同的觀點掌握重點的。

這類的用功方式我首先以短期集中的方式進行五十小時。我曾說過必須建立默背軸。以軸爲中心，逐漸增加默背的內容，就能克服棘手科目。如果還是沒有進步，多花點時間再度挑戰，相信只要經過一段期間，意識就容易成熟，第二次就記得住了。

將棘手科目當成性能價值比

如果自己是文科系的學生，也許不懂數學，或是理科系的學生語文不佳，但這是錯誤的想法。大學考試的準備，包括數學、英文在內，沒有所謂先天的適不適合，問題只在於默背量的多寡而已。

小學生或國中生，如果喜歡或討厭某個學科，大都是受到個人感情因素的影響。例如，喜歡或討厭教這一科目的老師，或是覺得很無聊，因而對學科產生好惡感。而參加大學考試的人，即使沒有這種孩子氣的表現，但是事實上卻有棘手科目的理由，也沒什麼大差距。像我的物理非常弱。現在想想，是因爲我很討厭聽物理老師嘮叨的敘述。我問過一些考生爲什麼某些科目讓他很棘手，大部分的回答是從一開始就未好好地聽課，或是沒有認眞閱讀教科書等，認爲這些是理所當然的理由。

但是請你捫心自問，棘手的理由幾乎都是自己不用功。棘手不是才能的問題，只是默背量太少的緣故。

爲了克服棘手科目，必須徹底實行默背，這時棘手科目成爲一種性能價值比，對於更高的科目就會產生一種想要學習的慾望。因爲棘手科目並沒有進入你的腦海中，腦海中就好像一片空白似地。在空白的地圖上塗畫，是很輕鬆的作業。

對於自己較拿手的科目，就沒這麼簡單了。例如只能得二十分的科目，這麼做就能得五十分，比起能得五十分的科目要得到八十分而言，更輕鬆達成，所需的時間也比較短。同樣獲得三十分，但是卻能以「低成本」的方式實現。

- 棘手的科目利用整個默背難題集的解答而加以克服。
- 將棘手科目視爲最容易提高分數的科目。

考試要領⑭

趕走懶散的「暑假設計術」

訂立暑假用功計畫之前，先決定玩的日子

暑假對於考生而言是一道關卡，如何度過會造成很大的差距。老實說，大部分考生的「暑假術」是錯誤的。因爲訂下大計畫，反而好像得了夏日懶散症似地，一整天都沒有玩，不斷用功，或是到補習班去浪費時間，根本無法通過考試。

大部分考生都會很興奮地迎接暑假的到來。但是這種興奮度沒有辦法一直持續到八月三十一日爲止。第一原因是打算每天用功。我在高二之前度過無聊的暑假。雖是劣等生，但是想用功時，就算想要每天用功，可是能持續用功慾望的時間只有五天而已。後來也沒有辦法好好地玩，只能一整天看電視打發日子。

我發現如果打算每天都用功，根本什麼事也做不好，到了高三，首先決定玩的日

子，當時我很喜歡看電影，購買了一些情報雜誌，事先決定看一個月份電影的日子。將看電影當成對自己的一種「成功報酬化」。也就是說，達成用功目標之後好好地玩，這麼一來，就更能集中精神努力用功。因此，每天都朝氣蓬勃地度過了充實的高三暑假。

事實上，我注意到暑假期間不能破壞平常的生活步調。有些人用功到很晚，等到暑假結束後變成夜型人。我說過好幾次，夜間頭腦遲鈍，欠缺集中力，效率降低。如果要回到原先的生活型態，是很困難的。所以一定要早起早睡，不要破壞這種生活的規律，過著規律正常的生活。

也許各位覺得很意外，如果家中沒有冷氣設備，可以向父母請求安裝，這樣會使用功的效率產生很大的差距。尋求涼快的地方，也可以前往圖書館，但是這麼一來無法掌握自己的步調。如果想考取理想的學校，買一台冷氣機應該是很便宜的事，如此一來，就能防止在熱帶夜睡眠不足的現象。

暑假生活容易變得單調。一個人孤獨地坐在桌前，過著毫無變化的生活，會產生一種惰性，使人懶散。我的變換方式是一週和友人聚集一次，大家一起用功。雖說是用功，可能只是進行打賭測驗或爭相比賽默背片語等，努力維持緊張感。大家可以聚集在一起，但只是閒聊則沒有任何意義。

四十天的暑假生活中，有三十五天徹底記住新的內容，使默背量增加就可以了。剩下的五天則做暑假的總復習。就算沒有完全做完，但是我將每週六當成復習日。

此外，我也指導過打算克服英文或數學等棘手科目的考生。利用暑假集中時間徹底用功。對於這種需要花時間的科目而言，暑假是最適合的。

漫然接受補習班的暑期講習，只會讓你再當一年的重考生

到了暑假，補習班都會推出一些暑期講習班。很多人參加暑期講習，但是我認爲不去也無妨。有些人認爲暑期講習是比較特別的場所，只要參加就能提升學習力，但是沒這回事。

補習班的授課是一成不變的，絕對不可能進行非常詳細的指導。在學校的授課無法了解的事項，在條件不好的補習班也不可能了解。

事實上，當我就讀高中時，當時參加補習班講習的同學全都落榜了。所以參加暑

期講習不見得有任何意義，一定要自己徹底地用功才行。

但是，可以積極參加補習班的模擬考試。這並不是爲了測驗自己的實力，只是爲了能夠默背而已。接受模擬考試，一整天考試能使集中力提高，在這種環境中用功一天，對你沒有任何損失。會回答的問題立刻做答，在這一天中錯的問題，不知道的問題都要默背下來。

- 暑假時事先決定玩的日子，當成對自己的成功報酬。
- 暑假時必須過規律正常的生活，才能提升效率。
- 一週聚集朋友一次，一起用功，以免造成懶散。
- 補習班的暑期講習不需要參加。
- 補習班的模擬考試可以集中精神用功一整天，一定要多參加。

考試要領⑮

難解的問題利用問題集當成進攻的捷徑

把問題集當成「默背用參考書」

也許有些人解答問題的速度較慢，連一冊問題集都做不完，因而感到煩惱。任何人都有這種共通的煩惱，因此，可以只做考試雜誌或老師所說的重要問題，這種小技巧的應用範圍非常廣泛。

看到此處，讀者們也許已經瞭解了，並不是要大家解答問題集，而是不要做解答，立刻看答案而將它背下來。

爲了提升考試用功的效率，想要自行解決問題的「自力主義」有百害而無一利，只會使你的分數退步。因爲想靠自己的能力思考，需要更多的時間，而且有時錯誤的印象會殘留在腦海中。

任何問題集一定附有解答。而解答只要不是印刷錯誤，絕對是正確的。正確的解答正確地默背下來，塡在考卷上就能得到分數。與其靠自己的力量找出解答，還不如背「正確解答」。考試時才能獲得更高分。

我基於這個想法，所以不靠自己的力量解決問題集，一開始就看解答，將其視爲默背用的參考書使用。陸續增加問題集的量，就能掌握出題的重點。不需要靠自己的力量解答一百、二百道題目，只要看一千、二千道題目和解答，當然默背量就會增加。最初已經了解要以默背的方式進行，因此，比起自己解答問題而言，默背的存款會不斷增加。尤其像數學科，這種整個默背式的方法非常有效。

一般而言，數學需要邏輯性和感覺。的確，研究所以上的數學需要這種才能。但是高中生要參加大學入學考試的數學，則完全不需要這種想法和感覺。只要將解法型態多默背，配合問題從自己的記憶庫中找出解答就可以了。

我利用以下的方式將問題集當成默背參考書使用。

①各科到某個時期爲止，都不靠自己的力量解答問題。最初的階段是徹底看過問題的解答，並且背下來。如果產生一種「了解」的感覺時，才開始向解答問題挑戰。

②英文、歷史等記號式解答，替換成文字後塡入問題文。如果寫下(A)或(b)等記號，會妨礙自己的記憶，無法發揮默背效果。

③解答與問題分爲二冊。解答與問題互相對照，較易默背。

利用以上的秘訣默背問題集。

選擇當成默背用的問題集時，要選擇程度較高的問題集。程度較低者沒有任何默背的意義。大致的標準是隨便翻閱一頁，能靠自己解答的問題只占三成的就可以了。

有的人說，必須選擇靠自己的力量能正確解答七成問題的問題集。但是這是錯誤的方法。這種說法的根據是，這種正確解答率最容易了解，而且容易產生自信，但是我覺得這樣毫無意義。

先前敘述過，考試用功並不是解答問題，而是一開始就用默背的方式。所以，就算是不明白的問題，也要默背下來，這樣反而更容易完全了解。

此外，不需要建立靠自己的力量解答問題的自信。擁有這種奇怪的自信，反而使你不喜歡復習，遇到眞正的問題時，就無法解決了。可以將解答整個默背下來，就算不知道也不會喪失自信，而且能養成復習的習慣，出錯的可能性反而更低了。

因此，當我買問題集時，我會選擇解答詳細的問題集。尤其像數學，我最喜歡光看解答就能了解一切的問題集。最後是要選擇暢銷書，因爲暢銷書表示有其優點才能一直賣下去。事實上，其中也有許多好的問題。

從難題開始背問題集，簡單的問題當成檢查使用

學習新的事物時，一般人認爲應該從簡單的部分先著手，慢慢地再移到難的部分。學校或補習班的老師們，也認爲按照這種方法才能提升學生的學力，任何教科書或問題的編成，也都是以由簡而難的方式排列。

根據我的經驗，其他範圍我不知道，但問題集不能從簡單的問題先著手。已經了解的問題再一一解答，會花費太多時間。所謂考試用功，就是在限定的時間內，如何有效默背必要的知識。如果還執著於「先培養基礎力」只會導致失敗。

同一科目的問題集有二本以上時，我一定會從難的先著手。看起來好像沒有建立基礎，不能由難題先著手。但是事實上，這只是一種考試常識的謊言而已。尤其關於默背型的考試用功方面，最好從難題先著手。

當然，這也有其條件存在。先前敘述過，不要用自己的頭腦解答問題，只要將解答完全背下來就可以了。相信所有考生都知道，數學的問題集中，如果是難題時，在一一解答的過程中會仔細加以解說。反覆看這些解說，就會使題目與答案深印在腦海中。

即使閱讀解答後還是無法了解，也不必擔心。不要執著於這個問題，趕緊移到下一個問題，這一點非常重要。當時也許不了解，但是反覆看了幾次解答之後，有一天一定會了解的。

我建議使用這個方法，就是因爲如果一開始腦海中背下解決難題的方法，就能培養解答的感覺，培養這種感覺後，就能自然了解一些重要事項或出題傾向，看教科書或參考書時，也能立刻掌握重點。

我能記住公式，就是因爲我先背了難題的解法。培養了解答的感覺之後默背公式，結果發現公式很快就背熟了。

此外，從難的部分先著手，不只是問題集而已，教科書、參考書等都有一些重要的部分與不重要的部分。任何科目都有重點與非重點的部分。如果考題由這些部分重點出現，當然這是重要的部分，所以一定要先解決這個部分才行。

義大利的人文學家帕雷特的「八十比二十的法則」你曾聽說嗎？也就是說，某個團體的重要事項在整體中占比較小的比率，而在全體中重要與不重要的比率大致為二比八。例如交通意外事故八成是由所有駕駛人中二成的人所造成的。

問題集也是如此，在所有的問題之中，考試時容易出現的題目，只占全體的百分之二十。所以就從這個出題率較高的百分之二十的題目先著手。簡單的問題慢慢再做。如此一來，從困難的題目到簡單的問題全部默背完之後，反覆復習，更能提升默背效率。

問題集的默背要進行二次

即使不會默背的人，我想從車站走回家的道路，或是自宅及公司的電話號碼等應該不會忘記吧，因為這些在日常生活中是需要的。每天反覆地加以「復習」當然不會忘記。而考試用功必須記住的事項，例如數學公式、歷史的年號等，對於日常生活沒有任何幫助，所以不會像電話號碼或住址一樣，頻頻出現在意識中，因而容易忘記。

但是，如果考生忘了默背項目，當然無法獲勝。所以必須時時檢查自己背下的東西，確定有沒有忘記。

爲了避免忘記已經背下的內容，最好的方法就是反覆喚起自己的記憶，使記憶活性化。不要認爲已經記住了則一切結束了。必須時常翻閱問題集。

藉此強化模糊的記憶，使默背效率提升。像「哦，這個問題我看過」等問題，有時也許根本沒有辦法解開。

因此，再次確認已經默背過的問題集，就不容易產生這樣的錯誤。多做幾次，這種記憶的檢查就會讓你覺得更輕鬆了。第二次比第一次、第三次比第二次的檢查所需時間會以等比級數縮短。

有些人默背完之後會更換新的問題集。當然本人也許希望能夠增加情報的範圍，但是我卻認爲這只是浪費時間而已。而且與其不正確地記住新的東西，還不如將已經記住的東西確實固定在記憶中，對於實際的考試而言，才具有實戰效果。與其更換問題集，還不如將一本值得信賴的問題集完全納人腦海中，更能得分。

復習能強化記憶

看問題集時，我不再像以前依序看，而是隨便翻閱，先前做過的問題如果以同樣的方式再反覆進行一次，會失去新鮮感，而且失去學習的慾望。

因此，同樣的問題集或參考書，要復習的時候，可以從重要的部分開始進行，或是從最後開始翻閱，學習上要給予一些起伏的變化。即使在一頁的內容中，也可使用這種方法。

例如將『基本英文七百選』全部默背下來，復習時我從最後一頁開始確認默背的成果。有時經常認爲自己已經完全默背下來了，但是這些內容並不是文章，如果以文章的排列方式依序記住，再按照不同的方式重新翻閱時，原本認爲自己記住的東西，可能根本想不起來了。

所以，從相反的順序開始復習，就能檢查自己是否犯了這種錯誤。因爲已經記憶過，所以只要稍微復習，就能提升默背力。

這種復習法也算是一種記憶的檢查。如果將重點置於理解方面的內容，則邏輯的連續性很重要，所以不能由後往前復習。但是考試幾乎都是默背的問題，因此可以採用這種方法。

此外，有些人用功時不論是教科書、參考書，都會畫上紅線。的確，畫紅線能使注意力集中於此，該記住的重點一目了然，是有效的方法，但是所謂過猶不及。畫太多紅線會造成反效果。

同理，做出超出必要以上的復習卡，也是同樣的情形。

一般而言，畫重點或復習卡時，我們會在感到有些擔心的位置隨意畫一條線或做復習卡，尤其是頭一次默背教科書或參考書時，這種傾向更強。爲了防止過剩的情況出現，在第一次看教科書或參考書時，如果不是非常重要的事項，不要畫線，也不要製作復習卡。

因爲剛開始看書時，也許不明白其內容，根本無法判斷何者才是重要項目，因此，會感到不安而拼命畫線或做復習卡。我認爲應該在第二次時才畫線。如此一來，眞正該注意或重要的事項就能清楚浮現出來。

厚的參考書分冊閱讀，增強達成感

我並不是強調要多使用教科書或參考書。但是新買的參考書、問題集是將重點編輯而成的，因此具有實戰效果。如果是較厚的參考書，我會將它拆開，重新分成小冊子，當每冊看完後，就能產生強烈的達成感。

提出進化論的大學者達爾文，看書時除了必要的部分以外，其他的全部撕破丟掉。同樣地，參考書、問題集等並不是特別值得重視的東西，必要時也可以撕掉。

可是將記載重要項目的頁數撕下來，用訂書機訂起來反覆閱讀。雖然參考書不能再使用了，但是再買新的就行了。參考書的價格比起考取大學的價值而言，當然是更便宜了。

如果是厚厚的問題集或參考書，看到厚重的一本就會使你失去幹勁，只要改變其厚度，就能產生幹勁了。像圖表式的參考書，將各單元一一分開，各自編成一冊，縮小目標較容易看清楚，此外，一冊的圖表就能讓你享受五～十冊的達成感。

總之，參考書、問題集並不是當成資料，而是要當成放在頭腦中的內容。因此，最重要的原則就是要重新組合成最容易使用的方式。

考慮到這一點，重要的參考書、問題集等，一開始相同的就可以買二本、三本，配合必要時將其撕下，訂好之後再使用。

不要將其當成書籍，而當成是記憶的衛生紙使用，用後即丟。

化學、生物、社會等的索引、欄外情報，有助於補強默背效果

參考書的欄外註解或索引等，刊載用細字組合成的情報。但是很多人都不看這些詳細的情報，但事實上這些細字記載非常重要的內容。如果將注意力移到這個部分，並加以活用，會使參考書、問題集的價值產生很大的差距。

我處理化學、生物、社會等科目時，會看最後的索引一遍。看完參考書後看一遍索引，檢查有沒有不知道的文字。很多考生會忽略索引，但是對於默背型的考生用功而言，這是最好的檢查表。

此外，不拿手科目的參考書、問題集等，也要注意欄外的小文字事項。這個部分，作者在本文中並沒有談及，但是卻可能記載非常重要的事項。

考試的參考書或問題集的型式早已決定好了，因此空間狹窄，即使本文中的重要事項，也沒有辦法納入其中，因爲從本文中遺漏了，而作者卻希望提出來，於是利用欄外的小文字。例如英文有一些成語、類義語等，數學有解法的啓示，國文的新文字等，可說是情報的寶庫。

這些小字刊載在欄外，有其理由存在，一定要注意這個部分，仔細閱讀後默背，或是直接將欄外情報撕下來，整理好，或只將索引撕下來，在搭車上學途中復習。

等到自己擁有足夠的力量之後，再開始按照自己的力量解答問題集。以時期而言大概需要一年。

眞正能解答問題集之後，就能成爲將以往默背下來的存款加以運用的好訓練。

- **養成不要自己解決問題集，而要立刻看解答的習慣。**
- **問題集越是難題、解答越仔細者越容易默背。**
- **多復習問題集，才能使默背效率提升。**
- **先前背下的問題集，事後要復習。**

- 太厚的書要分冊使用。
- 有時要重新看目次，在腦海中整理。
- 充分培養靠自己的能力解決問題的力量後，開始研究考試問題。

考試要領⑯

提升復習能力的「大型卡片」

經常可看到學生在車上背單字卡等小卡片。但是如果參加大學考試時你也這麼做，恐怕無法通過考試了。

因爲即使背小單字卡，由於情報量較少，很難固定在記憶中。所以我認爲不只是學者、上班族，甚至大學生，都不能使用這種小卡片，一定要做比較大的卡片，形成一種文脈，其中有許多內容才是最好的。

傳授各位卡片的實戰使用法。卡片的效用就是將記得住的東西與記不住的東西明確化。例如，利用字典查過好幾次的成語，或是背不下來的數學解法等，可以做成卡片，如此一來，就可以知道自己無法默背下來的部分。

卡片隨身攜帶，當成默背使用的卡片，事先準備好，考試前當成默背檢查卡使用，效果非常好。可以檢查有沒有沒背到的東西，將其視爲一種「殘務整理」使用。

卡片中所寫的內容是即使想默背，卻再怎麼努力也記不住的內容。如果是單字等，不需要一開始就做成卡片。

爲了使內容容易記住，因此，盡可能多寫一些周邊的情報。例如，我查英文單字時，甚至連例句也抄下來。

此外，因爲卡片不給別人看，所以就算字體亂一點也沒有關係。不需要花時間寫得很漂亮，以一～二分鐘做成一張卡片的速度製作卡片。完成的卡片一定要使用。在車上時經常看，考試前當成檢查卡片使用。

使用時不需要加以整理，英文卡的下一張是數學卡，或是歷史、地理都沒有關係，可以混合在一起。等到眞正記住之後再以學科區分保存。不要記住後就丟掉，否則無法當成考試前的檢查卡使用。

•即使記住卡片的內容，也要擺在身邊，當成考試前的總復習卡使用。

第四章　增強默背「考試三惡」的要領

——從與考試有關的定期考試之接受方式，
到打擾授課的高明逃避法——

考試要領⑰

與考試有關的定期考、模擬考

如果將模擬考當成「力量的考驗」無法創造實力

在考生的日常生活中，存有一些會造成時間、精神及考試用功阻礙的障礙。其中最大的三惡就是學校的授課、煩人的定期考及與朋友的交往。這對於一般高中生及考生而言，都是無可避免的害處。

只有一個方法，也就是轉禍爲福，亦即看似阻礙的這些要素，一定要運用智慧和決心，將它變成能夠幫助考試用功的方法。根據我的經驗，這是很可能辦到的，考生中也有人辦到了這一點，產生很大的好處。不論是授課、考試或朋友，依照你的不同應付方式，有可能使最大三惡轉變爲最大三好。

首先談到考試。對考生而言，考試是日常作業之一。因此將考試視爲理所當然，侷限於常識的範疇內。對於考試的看法只要稍微改變，就能提升考試用功的效率。

考試常識的謊言之一，就是將模擬考當成測量實力的「力量考試」，這是錯誤的想法。對於考生而言，眞正的「力量考試」只有最後眞正的考試而已。模擬考只不過是讓你掌握默背內容的好機會。

模擬考結束後，會有解答。這時我會對照答案，將錯誤的部分一一挑出來，將這個部分全部默背下來。總之，我將其當成考試的復習。一週後出現與模擬考同樣的問題時，可以再嘗試一次，也許能得一百分。

這種用功方式事實上非常有效。因爲是模擬考，濃縮了所有應該默背的重點。也能讓你了解默背的成果如何。這種考試使你有半天的時間集中精神坐在桌前，所以比平常更容易提高默背力，所出的問題很容易記住。與其無所目的坐在桌前三、四天，還不如用短暫時間，就能默背濃縮的內容。

如果我在星期天想出去玩，希望多接受一些模擬考，增加默背量。但是很多考生將模擬考當成一種力量的考試，只執著於自己的分數好壞，我認爲這眞是一種浪費。如果接受模擬考，從困難問題到簡單問題，各種程度的問題都能嘗試。當然，簡單的問題能得到好分數，可是也可以了解自己沒有辦法處理的難題的弱點。此外，也可能因爲偏差值或合格可能性而出現一些參差不齊的數字，自己也能了解大概的情況。

期中考、期末考也是同樣的道理。爲了應付期中、期末考而努力用功一個晚上，比平常更能發揮集中力，能夠默背更多內容。即使考試得五十分，但是這不要緊。考試後好好檢查錯誤的地方，好好地復習最重要。

如果放任不管，雖然只是花一夜努力的成果，也能藉由事後的復習，使其牢牢固定在記憶中。很多女學生在定期考試中得到好成績，但是模擬考時成績卻很差。這並不是頭腦聰明與否或是應用力的問題。而是在定期考試之後未好好復習，未增加默背存款所致。

考試期間內，能夠產生努力用功的集中力。平常的考試用功，不可能使頭腦處於擁有這種集中力的狀態。既然處於有集中力的狀態時，就不能使這種集中力瓦解。一旦瓦解後，要重新拾回集中力是很困難的。

所以，考試結束後當然想要好好玩一玩。但是考試後的第一週，一定要復習考試問題，將錯誤的部分整個默背下來。這麼一來，你花了一夜的努力就不僅止於這一夜，而會使你的默背存款增加更多。

在真正考試中更能發揮威力的「塗畫」方式

努力一夜增加了一些實力。但是即使實力增加，可是考試很重要。爲了增加更多實力，就必須掌握學習內容的重點。此外，不要使得自己的用功顯得過於單調。將找重點當成識破出題者意圖的訓練，可以鍛鍊自己的考試感覺。如果默背重點卻找不到重點，就好像沒有對準目標的槍，只是胡亂開槍一樣，當然無法合格。所以一定要掌握目標，好好地發動攻擊。事實上，當我就讀高中和大學時，一些懂得掌握重點的人，具備很好的實力。

考生掌握重點的方法，我認爲最大的前提並不是爲了提升學校的成績，而是到了眞正考試時，爲了增加存款而進行的方法。也就是說，不要只掌握這一科老師的傾向，而應站在考試問題出題者的立場找重點。否則，即使在學校的考試中得到好成績，等到眞正考試時可能會落榜。

以下說明掌握重點的方法。首先，將所有的考試範圍看過一遍，認爲最重要的部分挑出重點來，畫上記號。用功時從最重要的部分開始著手。以畫圖而言，在一張白色的紙上，從最重要的部分開始塗最深的顏色。以此爲軸，再塗其他部分即可。

軸附近塗的顏色較深，距離越遠塗的顏色越淡。而顏色較深的部分只有二處或三處，如此一來就能形成幾條軸如果一來就能形成幾條軸。如果不事先這麼做，恐怕沒有辦法畫出一張好的圖。平常要花一小時，而對於重點的部分，可以花三小時的時間塗色。

這個技巧不只限於期中考或期末考的範圍，眞正考試時也能發揮極大的威力。將眞正的考試當成自己花了三年的時間在腦海中所形成的一幅大圖。了解在整幅圖畫中的哪一個部分是最重要的。這個部分要塗上較深的色彩。如果能完成這樣一幅畫，相信你一定能夠考取理想的一流大學。

提升默背效果之小抄的作法

集中精神努力了一晚，剩下的就是小抄了。聽到小抄也許大家覺得感覺很不好，但是我所說的並不是在考試時做出不正當的行爲，而是希望各位將小抄當成考試用功中一種遊戲式的「學習管道」。

小抄不可或缺的就是小抄紙。製作小抄具有很多效用。即使不使用，但是考試時還是要做一些小抄。

做小抄必須要先了解考試的重點，哪個部分最重要，哪一些必須背起來，如果不了解，就無法深具要領地做小抄的重點了。而做小抄對於默背的內容，以及沒有默背的內容，就能產生明確了解的效果。做小抄就能夠使你記住重點。

高中時代我的班上有一位做小抄的名人。他在考試之前會把小抄分給大家，同時說：「有這個就能過關了。」我也曾經看過他的小抄，的確掌握了考試的重點，做得很好。但是，他並不會在考試時看這些小抄。

當然，考試的問題有很多和小抄相同，但是既然試題中已經出現小抄的內容，內容早已記在腦海中，根本不必看小抄了。

事實上我自己也做小抄，有時候也會使用。與其眞正依賴小抄，還不如藉由小抄，而使自己享受頑皮的樂趣。此外，做好之後放在口袋中，自己就覺得安心了。即使不使用，但是做小抄就能使你的考試成績很好。

以下說明我的小抄製作法。首先是做小抄的時期越接近考試越好。考試前一天晚上或考試當天早上做小抄。在做完小抄後能夠強化默背力，牢記不忘。

內容依科目不同而異。一些默背科目只要羅列單字就可以了。此外，數學方面不要只是寫公式，要將問題的解答全部抄寫下來。不只在考試時，在考試後也有所幫助。

在考試後我不會將這些小抄丟掉，而會保存著，時常拿來看。因爲做小抄時記錄的內容是自己的弱點。經常看也可說是復習自己的弱點。

- 模擬考、定期考等考試過後，將解答整個默背。
- 接受各種不同水準的模擬考試。
- 考試前掌握重點，才能形成默背軸。
- 做小抄塡補默背洞。

考試要領⑱

利用取捨選擇，提升授課的「費用比效果」

與其花三小時預習，還不如花三十分鐘復習，更能增加默背量

考試之後的學校授課，一般學校的授課當然會反應在學校的成績上。但是這種單純的想法不只對於學校內的「相對的」分數的評價對象，對於以「絕對的」分數而決定勝敗的眞正考試而言，都沒有任何幫助。

例如，如果你在授課之前事先預習，請你從今天開始放棄預習，把寶貴的時間用在復習上吧。對考生而言，在預習上花了太多時間，無法得到默背的存款。對於沒有時間的考生而言，這是一種浪費。很多考生的考試常識中，認爲預習能夠幫助授課的理解。

如果認爲不預習就無法了解老師上課的內容，表示你的集中力不夠。表示你對於

授課的認眞度不夠。授課最重要的就是要了解上課的內容。如果未先預習就無法了解的授課內容，表示它本身就是錯誤的。根據我的經驗，喜歡叫學生預習的老師，本身教法就太差。因爲自己的教法不好，所以叫學生預習以彌補。

通常不管是哪一科目的老師，爲了教一小時的課會花二小時預習，否則這個老師就太馬虎了。對於並非教科專家的考生而言，想要花二個小時在事前了解上課內容，根本是不可能的。對於每天都是勝敗關鍵的考生而言，爲了預習一個科目而花了二小時、三小時的重要時間，實在是一種浪費。

預習而有幫助的人，只是在預習階段就能了解一切，將老師授課當成復習的超秀才，才有這種能力。但是遺憾的是，包括我在內，大部分的學生都是凡人。凡人只要仔細聽老師上課的內容，，加以了解，背不起來的部分利用復習以彌補就夠了。

預習的意義，根據我的經驗而言，只有到高二爲止的英文預習才有用。當然如果不利用字典了解新出現單字的意義，老師上課時就無法應付，但是藉著預習可以習慣英文，培養速讀力。除此之外的授課預習根本毫無意義。此外，往往在預習階段就記住一些錯誤的情報，修正錯誤的情報而重新記憶非常困難。

此外，大部分考生認爲只要充分預習，就算不復習也無所謂，這是非常可怕的想法。預習之後的授課有些學生根本不復習，或是聽過就算了。比起沒有預習的授課，事後復習三十分鐘而言，會造成很大的差距。預習所需要時間爲復習所需時間的五倍。與其花三小時預習，還不如花三十分鐘復習，等到眞正考試時才有所幫助，也能增加默背的存款。

考試科目的授課一定要做筆記

爲了好好復習，上課時認眞聽老師的課並且做筆記，這點非常重要。尤其考試科目的內容一定要仔細聽課，邊聽邊做筆記。做筆記能使你打消睡意，產生集中力。上同樣的課，做筆記與不做筆記之間會產生很大的差距。

做筆記時同時活動耳與手，同時刺激聽覺和觸覺，提高記憶力，授課時能夠記住授課的內容。豎耳傾聽，而且不停地活動手指。

做筆記時，很多人會努力地掌握重點，但是根據我的經驗而言，這是不可能的。上課內容的重點，只有在大量做筆記時才能夠了解。不要一開始就去掌握重點。一邊做筆記一邊聽，上課結束時就可以知道重點是什麼了。筆記的內容亂一點也沒有關係。只要自己了解就可以了。因爲不是給別人看的東西，不必求漂亮，最重要的就是大量做筆記。

可以依各種不同的科目使用不同的筆記本。有的人只使用一本筆記本，等到復習時再整理，但是整理時花了太多的時間與精神，則重要的記憶復習卻忽略了。所以最好一開始就依不同的科目使用不同的筆記較好。

最重要的是一定要好好看筆記，記住內容。好不容易做的筆記，卻不再翻閱，則沒有任何意義。這是很簡單的事情，只要好好地實行，就能使授課內容的記住方式產生很大的差距。有些人會將它寫得很好、很整齊，重新抄寫等，但是這樣花了太多時間。盡可能將這些上課內容以閱讀筆記的方式就能默背下來較好。

此外，需要做筆記的科目只有考試科目就夠了。與考試無關的科目可視爲休息時間。當然，有些人會爲了消除睡眠不足的問題，在這類的上課時間打瞌睡，不過這樣似乎有點不雅。

像美術、音樂等與考試無關的科目，是做其他事情的絕佳機會。「與其睡覺不如做其他事」，可以用來復習必要的科目。因爲考生沒有太多時間，所以一定要積極建立用功時間。

不做學校作業的好理由

但是，有時雖然爲了合理進行考試用功的進度，卻必須應付學校和補習班的一大堆作業。做這些作業需要很多時間，這麼一來，會使能夠默背的絕對量減少，考取理想學校的機率降低。

這時我會不做學校的作業，撥出時間來做自己認爲必要的學習。即使有時候會被老師罵，但是我也無所謂。因爲只有自己才能伸展自己的實力。即使聽老師的吩咐，老師也不可能讓你進理想的學校。

學校的老師除了讓自己負責科目的成績提升之外，對於其他科目不需要負責任。他絕對不會爲了提升學生的綜合力而出理想的作業。極言之，英文老師讓學生的英文能力進步，其他的就一概不知了。認爲只要你的英文好，就算數學完全不懂也無所謂。但是，如果學生配合老師的要求認眞做英文作業，結果卻使數學的程度落後，分數退步，就沒有任何意義了。

我並不是說完全不要寫作業，但是你要區分需要做的作業及不需要做的作業。配合這種情形而做。像我除了考試科目以外的作業，我完全忽略它的存在。如果實在必須做時，我會去借優等生的筆記本來抄。此外，像美術課的畫畫，或是國文要寫一些感想文時，我一開始就全部放棄了。

同樣的作業，如果是屬於授課的復習型作業，能夠增加默背的存款，因此要積極地做。尤其數學和英文的復習型作業一定要做。但是同樣是英文、數學，如果是預習型的作業，根本可以忽略它的存在。可是暑假作業英文讀解一定要仔細做，因爲需要長文的讀解力。

總之，大部分的作業並不是解決未知問題，而大都是已經理解的內容再加以確認的作業。但是原本就無法靠自己的力量解決的問題，花時間做作業對於以默背爲最優先的考試用功而言，完全是一種浪費，而且已經記住的問題還要再做一次，根本毫無意義。

如果採取這種態度而擔心受老師責罰，這種學生大有人在，但是根本不必擔心，反正你也不是做壞事。只要擁有實力，就算做一些任性的行為，老師也不會生氣。

不知道會造成大損失的補習班的優缺點

不只是重考生，覺得上課內容不夠而上補習班的在校生也很多。但是，補習班如果不能配合自己的考試計畫巧妙加以使用，你恐怕還會再當一年的重考生。因爲補習班的老師與學校老師一樣，雖然有專攻的負責科目，但並不是參加考試的高手。

他們和學校老師一樣，希望能夠發揮自己負責的科目，爲了提升成績會出很多作業，或是要學生預習。

事實上如果遇到這種老師，是最糟糕的情況。如果配合老師的步調認眞用功，在這個科目上也許得到五分，但其他科目的總分也許會損失五十分。

此外，關於數學方面，補習班的授課中，問題的絕對數太少了。一些困難題目在九十分鐘內只會做三題。與其如此，還不如自己花九十分鐘背下十題，更具有實戰效果。

如果補習班就在你家門口，你可以去上補習班，但爲了尋找補習班而形成時間的浪費。一部分補習班會提出「日日是決戰」的口號，攙雜了不良的精神主義，雖然能夠產生幹勁，但是光靠幹勁考試時也無法獲勝。補習班一成不變的授課方式，會使學生欠缺集中力，無法記住授課內容。

光說補習班的壞處，並不是說補習班完全沒有優點。補習班的教科書有很多好的問題集，可以加以利用。此外，在補習班結交的朋友也可以交換一些考試情報。

該如何利用補習班呢?接受考試的不是老師而是學生。所以不要打算通過補習班的考試，而必須積極利用補習班以增加自己的實力。

- **只有英文讀解才具有預習價值。**
- **不需要考試的上課時間，可以做其他事。**
- **選擇作業，只做復習型作業。**

考試要領⑲

利用會使人振奮、產生幹勁的朋友

我得到朋友的恩惠才能考取大學

青春時期朋友和親人同樣重要。但是，做得不好可能會只重視交友而忽略了考試用功。但如果持續與好的朋友交往，對於考試這個大目標而言，能夠發揮極大的作用。至少在具有考試這個共通目的的大前題下，朋友會催促你好好用功。

如果周圍都是敵人，沒有朋友，只有自己一個人不斷地努力用功，成績可能無法提升。反而應該和朋友交換考試的情報，一起走向考上大學之路，才會更快樂，更能提升用功的效率。

光靠自己一個人思考用功的方法，調查出題傾向，但是個人的力量畢竟有限，還是要借助他人的力量才能使效率提升一倍或三倍。我能夠考取大學，就是因爲和朋友們交換關於考試出題傾向和用功法的情報。尤其是就讀高中時，學生們的目標一致，擁有一種志同道合的感覺。而且學長們考試展現了實績，因而學長傳授的方法也具有其可信度。

反而是成績越好的學校越容易成爲絆腳石。在我們這所成績不好的高中，沒有任何人想要踢掉別人，而只有自己考取大學。

不一定要完全模倣朋友的用功法。因爲如果對於自己的方法論沒有自信是不行的。受到他人的影響而不斷改變自己的用功法，甚至連重要的用功內容都沒有辦法學會。模倣他人的用功法，只是爲了使自己的方法改善爲更好的方法，創造自己的作風而已。

事實上，頭腦聰明能夠默背的人，對於默背不拿手的我們而言，當然用功法是不同的。如果囫圇吞棗整個加以模倣，反而會造成不良的結果。

總之，每個人都要發現適合自己的用功法。但是他人的用功法可以當成參考。即使這本書也不要自己一個人看，要和二、三個朋友一起看，考試還是需要友情。

打賭測驗，一較勝敗的默背競爭能夠提升實力

先前敘述過，打賭測驗和友情都是考試時可以運用的手段。而較量勝敗的默背競爭，也是有趣的方法。我在星期天會和朋友一起進行六十分鐘的比賽，進行默背比賽。準備相同的教材，在命令「準備，開始」的同時，六十分鐘以內比賽能記住多少內容。六十分鐘結束時合上參考書，進行測驗。然後計算分數，比賽勝敗。有時候可以做打賭測驗，或賭一杯咖啡。

這種較量勝負的方法，因爲時間受到限制，所以絕對不能閒聊，必須拼命記住內容。和朋友一起學習，對於陷入低潮狀態下更爲有效。失去了幹勁，因爲新的刺激而重新復甦。此外，能夠親眼目睹對方的做法，也能掌握用功法的啓示。

但是，較量勝負的對手絕對不能是馬馬虎虎的人。如果是自己的好友，可能因爲太過悠閒，最後會閒聊或是一起玩，這麼一來，刻意撥出時間用功根本毫無意義。在圖書館中經常可以看到一些不知道是在用功或是閒聊的女孩，也有同樣的毛病。

此外，不只是比賽默背，也可以進行二人模擬考試。準備大學入學考試問題，在

九十分鐘的實際限制時間內進行考試。因爲身旁有朋友在，比起一人單獨進行而言，更能產生臨場感，掌握眞正上場時的感覺。

和朋友一起用功時，能夠記住的東西會隨著快樂印象一起留在記憶中。這一點非常重要。根據美國的心理學家B・N・漢德森所做的關於記憶的有趣實驗。發現十名被實驗者以往的人生經驗，將他們說出來的體驗分爲愉快者和不愉快者及平凡的事情。結果百分之五十五的人記住了愉快的事情，百分之三十三的人記住不愉快的事情，而剩下百分之十二的人記住平凡的事情。

也就是說，容易殘留在記憶中的是愉快的事情→不愉快的事情→平凡的事情。在日常生活中，對於愉快的事情當然記憶猶新，而不愉快的事情盡量想忘記，但是特別不愉快的事情反而會更加強印象。最不容易想出來的就是平凡的事情。

和好朋友一起快樂地默背，是一種「愉快的體驗」，會強烈殘留在記憶中，難以忘懷。所以，要多結交一些能夠一起用功而覺得快樂的朋友，和許多朋友一起用功。許多好朋友聚集在一起，討論不了解的部分，最好不要這麼做，既然不了解，當然無法提升效率，反而容易造成精神散漫。不了解的部分就直接請教老師。

向朋友、前輩請教的真正內容

結交朋友非常重要。為了考試用功，則需要更多的朋友。最好擁有相同目的的朋友，這麼一來不只是一般論，連適合自己的目的，具有價值的考試情報都可以互相交換。結果在挑選參考書或學習法的啓示上，都更具有實戰效果。

眞正上場考試時，在考場上如果有自己的同伴，更能鼓勵自己。如果在考場上孤立無援時，會受到周圍氣勢壓倒，在心理上就已經輸了。但是如果有同伴，就能產生元氣，甚至兩人在考場上談笑風生。只要有兩個人在一起，就能壓倒衆人而充滿元氣。

學習考試的智慧，不只是朋友，連前輩的話也必須仔細去聽。尤其考取理想學校的前輩的話，更能成為好的啓示。參考參加過考試之前輩的話時，經常發現有人會閱讀一些考試雜誌或考取學校的體驗記，這些體驗記對你沒有什麼幫助，因為其中所寫的只不過是以往常識的迷信學習法，將其視為體驗談來說明而已，只是一種「精神訓話」，大都只是一些原則而已。精神訓話沒有辦法做成，如果不是能攻擊敵人、擊潰敵人的「技術」，在戰場上根本無法作戰。

老師所說的話或「合格體驗記」等精神訓話，如果全都聽進去而上戰場，立刻就會戰死了。只相信原則會遭遇悲慘的下場，這種結果不只出現在大人的世界中。

考生應該知道的不是這一些冠冕堂皇的內容，而是有幫助的眞正內容。也就是說「物理、化學要從什麼時候開始復習」、「共通一次對策何時開始」，或是「如果要盡快了解微積分，該使用哪一種參考書，如何使用」，需要的是這些實戰的技術。這些眞正的智慧也只有參加考試的考生才知道。即使老師很生氣，但是他們並不是考試的當事者，沒有辦法教你這一切。

學習這些智慧，與其向成績優秀的前輩學習，還不如向照理說應該考不上卻考上學校的前輩學習較好。因爲他們一定有一些實戰的技巧。聰明人的技巧不能當成好的參考，像筆者這種平凡的人聽一些平凡前輩的話，反而會有逆轉的契機。

尤其要做成年間課程分配復習的重點時，前輩的體驗談很寶貴。所以眞正對你有幫助的，智慧，並不是老師的原則或考試雜誌的二次情報。對你有幫助的是參加考試的當事者的情報。

當然，為了得到這些好情報，不可否認的，一些升學學校有其有利的一面。不只是這些學校，只要是打算升學的學校，每一年都會有前輩將自己經歷過的體驗傳出來，對你一定有所幫助。

- 對於考試而言，同學是最好的同志。敵人則是不知名的不特定多數者。
- 和朋友在一起的愉快用功，會留在記憶中。
- 和朋友一起用功，必須選擇努力用功型的朋友。
- 考生不要互相教導，不知道的地方就應該請教老師。
- 擁有一位將相同大學當成第一志願的朋友。
- 仔細聽看起來不能考上卻考上學校之前輩的話。

第五章

連棘手科目都能默背下來的要領

——突破國、英、數、社、理障礙的方法——

考試要領⑳

利用「整個默背解法」攻略數學、默背考試術

數學要以將解答整個默背下來的方式記住

數學是默背的東西，數學攻略之路並不是靠自己的力量解決問題，而是將解答整個默背下來。這一點在第一章中已經敘述過了。本處爲各位介紹一些實戰技巧。

以數學而言，雖說將解法整個默背下來，但是不能光是看著解答。像英文和歷史都是默背的東西，可以發出聲音或眼睛看著內容默背下來。在這一點上，數學則不同。即使看解答想默背下來，我會用自己的手做答，計算部分自己做。

當然不見得到做成好的紀錄或寫得很漂亮，但是可以用手在紙上寫而得到正確解答的過程，在視覺和觸覺兩方面都能使其固定在記憶中。

用自己的手寫東西具有以下的效用：

首先、是將最重要解法的技巧部分固定在記憶中。

第二、就是培養計算力，計算力非常重要。是否能正確、快速計算出來，不只能減少失誤，同時最初的解法錯誤，必須重新考慮解答的過程時，所需要的時間也會造成很大的差距。

第三、是減少默背遺漏的部分。數學的解法如果遺忘了一行，恐怕對於實戰無法發揮作用。但是默背時經常容易漏背一些東西，千萬不要因爲這些錯誤而失分，這是非常可惜的。

第四、是抄寫模範解答時，也培養做出模範解答的技巧。

實際做法依下述方式進行：

①看模範解答，一邊了解一邊抄寫。這時公式展開等的計算部分一定要自己做。

②記住幾十題後開始復習。復習方法是首先看問題，想像解答。如果能夠明確想像出來，則不需做答。如果非常含混不清時，就要靠自己的力量做答。

③如果無法寫出答案時，則看模範解答，將其做成卡片，經常隨身攜帶，不斷默背。

④由②→③反覆進行，加強默背能力。最理想的方法是進行四次。我反覆進行②→③，最後在多達三冊的『紅色圖表』一書中，我記不起來而整理成卡片的問題，只有十張卡片而已。

用來默背用的數學參考書使用什麼比較好呢？我的建議是使用解法詳細的好參考書。

因參考書的不同，解答法也不同，有時根本不了解邏輯的過程。有的問題集只有解答，太過於簡略化，無法當成默背用書。因此，要選擇仔細說明的書籍，一看就了解的書籍。這類書籍與其說是購買書籍，倒不如說是購買解答。

征服參考書的每一個單元

如何使用這種參考書呢？首先基本姿態就是一定要將整個單元完全結束，才可以進行下一個單元。先前敘述過，進行到一半時覺得已經了解了，當默背內容還沒有固定時，就有人會移到下一個單元。但是以長遠的眼光來看，這只不過是浪費時間而已，絕對不要這麼做。

我對於數學不拿手的考生，首先會指導他們完全征服容易拿分的單元。辦不到的人不必去看每一個單元，否則會變成更不容易了解。等到一個單元完全會了之後，棘手意識自然會消失。

如果要使參考書成爲有效的書籍，我認爲先要徹底記住主題（例題）。首先，要記住典型的解法，做成默背軸。我敘述了好幾次，不需要自己解答，因爲沒有時間，只要看解答徹底默背即可。

當然也有一些難題，這時光靠默背也束手無策，只會消耗許多能量而已。遇到這些問題時拿出勇氣來跳過去。就算想將難題勉強背下來，恐怕也無法辦到。即使暫時記住，恐怕也完全不了解，立刻就忘了。

當然相反地，如果只看一次覺得立刻就能解答的問題，也可以跳過，不必刻意解答而滿足自我，這樣只會浪費時間而已。

具體而言，到底要默背多少份量的參考書呢？我的情形是將主題和考試題目配合起來，以一單元做一百題爲目標。以這種速度背誦，大約可以背二千題。文科大約可以背一千三百題。只要能夠記住二千題，考取理想學校的機率約爲八成。

也許有人認爲怎麼可能背二千題呢？相信這些人背二千個英文單字時一定非常辛苦吧！但是不必擔心，根據我的經驗，數學問題是一種邏輯的思考，即使整個默背下來，與英文完全不同。比起要記住龐大數字的英文單字而言，更爲輕鬆，容易固定在記憶中。

想考取理想的學校，絕對不要喜歡數學

數學有其魔力存在。越喜歡數學、數學能力越好，就越想靠自己的力量解答問題，這就是數學的陷阱。靠自己的力量解答問題時，拚命解答問題，會浪費許多時間。此外，解答問題本身會產生一種快感，會變成一種習慣。甚至連自己一開始就知道自己一定能夠解答的問題，都特意去解答，以感受一種喜悅。這會造成一種病態。結果沒有辦法增加問題的絕對量，也沒有辦法提升考試時的數學實力。

我有一位高中同學非常喜歡數學。不單是喜歡，他具有相當高的數學才能，他對於解開超難題深感興趣，經常想解答征服超難題。

但是我在模擬考試時並不會輸給他。喜歡數學的他遇到超難題時，不會顧慮時間

的問題，而拼命磨練自己的解答能力，而我在限制的時間中，卻能培養出確實解開一些不難之題目的力量，也就是說增加默背量。這個差距表現在模擬考的分數差距上。即使是大秀才，如果陷入這個數學陷阱中，最後也會輸給努力累積默背存款的凡人。所以在限制時間內必須解開難題、簡單題目的考試是絕對的眞理。

大學考試並不要求眞正的數學感及才能，只要默背就能解決問題了。大學考試不需要你喜歡數學，就能提升得分力，的確是一大諷刺。

我一再強調，以大學考試而言，數學要整個默背。向量或微分、積分等每個單元，多背一些例題者就能獲勝。原則上向量背一百題、微分背一百題，每一單元背一百題解答。

將一整個單元全部默背下來並不是輕鬆的事情。最初默背十題都覺得很痛苦。默背需要花很多時間。好不容易背下來卻立刻又忘了。但是，超過十題達到五十題時，就會產生一種「了解了」的感覺。產生這種感覺後，基本問題不需要默背也會了。在這一階段，數學偏差值爲五十～六十左右。

大部分考生在五十題的階段都會停下來。我所看過的考生即使相當用功，在這個階段也會遇到瓶頸。其理由是他們遇到問題時，會依靠自己的力量解答。幾千題的問題要靠自己的力量一一解答，有再多的時間也不夠用。假設你能將二千道問題全靠自己的力量解答，每天解答五題，要花一整年的時間。若是看解法而整個默背下來，大量的解法都能納入腦海中。

超過五十題後到了最重要的地步。這時與先前最初十題的階段完全不同。因爲有了基本了解，因此能夠記住。最初記不住的難題，到了這個時候也容易記住了。但是很多考生卻沒有嚐過這種滋味，眞是非常可惜。

如果這個部分能好好進行，則這個單元非常完美。也就是說，你能在考試中拿分。最重要的是一旦產生「了解了」的感覺時，短時間的衝刺非常重要。以往的努力量是相同的，但是是否能夠衝刺對於默背產生的固定率，以及由此產生的應用力，會產生天壤之別。

最後利用計算力使「默背的數學」更為完美

數學考試的成敗如果在於時間分配是否合理，這種說法絕不誇張。

數學問題是否能在一定的時間內解答出來，與雖然知道解法，但是花了多少時間來做有很大的關係。因此，像計算等單純作業盡可能早點完成。換言之，計算力的有無會影響分數。

以往數學並不重視計算力。這可能是起源於一般大衆心中所想的「數學要靠靈感」、「有才能」等偏見所造成的。結果能夠直接拿分，只要稍微花點時間，任何人都會的計算，卻被忽略了。

開頭叙述過，計算力是決定考試成敗與否的關鍵。培養計算力而產生的優點不勝枚舉。

首先是做出解答後可以趕緊檢查。檢查不能光靠眼睛看是否錯誤，還必須在紙上做同樣的計算。這時如果擁有計算力，就能大幅度縮短檢查的時間。也能減少只用眼睛看毫無意義的檢查失誤。

第二點就是可以嘗試幾種解法的型態。沒有計算力的人如果不能靠最初想出的型態解答問題，恐怕時間到了還根本算不出來。但是如果計算快速，就可以向下一種解法挑戰。

第三點也就是最重要的一點，就是數學是先看答案是否正確，才開始計算的科目。當然，導出答案之前的過程正確時，能夠得到分數，但是即使過程正確，如果答案錯誤，分數當然會非常低。必須了解這一點。一點點的計算失誤就會造成致命的損害。

我爲了培養計算力，每天花三十分鐘到一個小時的時間做私立中學的考題，以及高一考試的計算題。過了一個月後，的確產生了很好的效果。爲了在數學考試中獲勝，還需要進行看起來好像繞遠路的「肌力訓練」。

微分、積分、機率、統計是默背數學的拿手絕活

「微分、積分、機率、統計我都不懂」，因爲這種理由，雖然想進理科就讀的人，也許還是會選文科。我認爲這些人都是認爲上述內容很難的錯覺的犧牲者。

認爲微積分、機率、統計很難是一種錯覺。事實上並不困難。

例如以考試問題爲例，微積分、機率、統計可以立刻寫式子，而其他的數學內容有時很難立刻列出式子來。

也許進入大學之後，微分、積分或機率、統計的確較困難，但是對於考生而言，面對考試時這卻是最大的瓶頸。

對於微分、積分、機率、統計沒有自信而選擇文組的人，現在開始還不晚。可以再考慮你的進路。

- 數學要抄解答，計算部分實際做一做，整個默背下來。
- 實在記不住的問題，做成卡片隨身攜帶。
- 以一單元默背一百題的方式背誦根本不可怕。
- 數學的默背不要零零散散的，一定要征服一整個單元。
- 一單元背五十題，能夠加快默背力。
- 能發揮解法默背力的是正確的計算力。
- 微分、積分、機率、統計是默背考試術的拿手絕活。

● 考試要領㉑ ●

利用「排列優先順位」攻略英語、默背考試術

與其背即使記住也無法得分的單字，還不如背短文

經常聽人問英語力到底是什麼?而有人則回答「看你知道多少英文單字」，但這眞是個謊言。這是一大誤解。不過很多考生並不認爲這是誤解，而拚命背英文單字，耗費了許多用功的時間，實在非常浪費。

如果你正在努力製作一些默背單字卡，我建議你趕緊停止這種行爲。稍後爲各位詳細敘述，即使做卡片也沒有辦法得到很好的效果。這個方法只適用到中學時代爲止。

即使不必抬出語言學來說，整個世界上不論任何語言，光是把單字排列出來並沒有任何意義。也就是說，單字不能夠直接使用，它只是一個單體而已。

提升英語力的秘訣，就是要多背一些英文短文。將短文好好記住，就可以知道單字的使用方法。當然英文短文沒有辦法默背很多，而且有時間的限制。盡可能多做一些節省能量的學習。

所以，以大學入學考試的程度而言，只要背五百～七百句就夠了。我這麼說，也許有的人會認爲光背單字就很辛苦了，還要背幾百個短文，怎麼可能辦到呢？但是根據經驗，與其背一個單字，還不如背一句短文更輕鬆。一個單字具有各種意義，機械式的默背無法掌握這個單字所具有的感覺，也無法固定在記憶中。與此相比，以短文的型態一邊了解一邊默背，更能提升記憶的固定率。此外，也能掌握每個單字在文脈中的意義。更能提升對於單字的感覺，加強記憶的固定率。

學習外文的天才，博物學家，世界著名的南方熊楠建議，爲學習語學，看對譯書最有效，也就是直接看原文的方法，只有不懂的單字才查字典。南方所看的是英德對譯書。

但是，如果要對考試有幫助，建議各位多看中英對照的短文。

光是背單字還有其他不良的影響。例如（glass）和（grass）只有一個字母不同，意思完全不同，容易造成混淆，等到眞正考試時，容易犯下致命的錯誤。因爲單字和它所具有的意義之間並沒有什麼合理的關連性。就像我們稱「書」是「書」，只是基於長久習慣的稱呼而已。因此，如果想要背單字，沒有辦法採用道理來記住，只能採用機械式的默背。單字很難背就是因爲沒有辦法適用於道理。

即使好不容易記背下來的單字，到了實際考試時也沒有任何幫助。例如英文作文，就算知道一些困難的單字，光把單字排列起來也沒有辦法得分。可是如果能夠默背短文，了解片語和文法之間的有機關連，就能磨練英語感。

如此一來，就能提升英語的綜合力。因此，與其背五千個英文單字，還不如背五百句英文短文，才是更實際的做法。

征服一冊『基本英文七百選』是通往勝利的捷徑

關於英文短文的重要性，相信各位已經了解了。在此叙述我自己所進行的背英文短文的方法。我所選擇的教材是『基本英文七百選』。這本書的好處就是將考試的三要素「單字」、「片語」、「文法」全部納入其中，背短文例就能建立綜合的英語力，同時也較容易閱讀中英文對照書。

背教材時，要以三個短文爲一個單位來背。一個短文容易背，三個短文就沒有這麼簡單了，因爲特意要背當然就很困難了。不論任何人，就算能夠立刻復誦對方所說的簡短話語，但是卻沒有辦法使這句話常久停留在記憶中。這是經由大腦生理學證明的事實。例如，對方將電話號碼告訴你時，你可以當場復誦一次，但是，事後卻怎麼也想不起來。相信大家都有這樣的經驗。

也就是說，簡單記住的記憶也容易忘記。我最初是以一句一句的方式背短文，覺得很快就記住了，但是過了二、三天卻怎麼也想不起來。反覆這種經驗後，我特地將三句短文當成一單位背誦，以進行加強記憶的方法。

當然，將三句短文當成一單位默背時，首先要好好記住每一句短文。反覆背每一句短文大家都會，但是如果只採取這種方法，記憶的固定率非常低。如果以三句短文爲一單位反覆背，則可提升記憶的固定率。

『基本英文七百選』的一頁由十五句短文構成，一頁可以分爲五單位。將五單位反覆練習，逐漸就能記住整頁。我第一次背時並沒有意識到結構、文法，只是採用中英對照的方式整個默背下來。背短文時很自然地就培養了文法力和單字力。從第二次開始，就在片語、關鍵字上畫一條線，並不只是機械式地默背，而且開始注意重點。默背到某種程度後，一單位三句變成六句，六句變成九句，增加內容不斷地復習。最後將七百選全部征服，勝利就在眼前。

長文不拘泥於詳細的文法，先整個看過

最近的英文考試有長文化的傾向。這些長文量非常多。最初想要加以了解，因而一一加以翻譯，結果時間很快就過去了。所以，越長的文章越要一氣呵成趕緊看過去。培養立刻掌握文章大意的能力。

當然，需要速讀長文的訓練。我是採用中英對照書做訓練。教材則是一些中英對照的小說或童話故事等。

此外，有些人會看科幻小說或色情書等，的確，無聊時在好奇心的驅使下看一看也無妨。但是這些都偏離了考試問題的傾向，而且會頻頻出現一些特殊的字眼，所以還是不要看。

此外，英文報紙的內容如果不太偏重於政治經濟的部分，也具有利用的價值。當我看這些長文時，並沒有一一注意詳細的單字意義，總是一氣呵成，一直看到最後。訓練自己掌握大意。但是連接詞、關係代名詞的關係等，影響句子構造的重點一定要好好地注意，才能了解整個文章的構造。開始準備考試時，這種速讀，一個月內每天要花九十分鐘當成日課進行。

我經過這個訓練之後，默背英文短文變成更爲容易。教導考生時我也了解，英文不拿手的人事實上是因爲接觸英文的量太少了。

所以一定要培養英文的速讀力——也就是看穿文章構造的力量，則單字、片語、文法等詳細的事項就很容易背下來了。不要拼命默背，必須要找出「塗畫」軸的部分。英文的得分力無法提升，就是因爲太過於執著於單字、片語、文法等詳細事項上，目光短淺所造成的。

嬰兒學會說話，並不是他學會了文法，用文法而說話。而是他在母語的「海」中游泳時，自然培養的感覺。成文速讀就是以人爲的方式進行同樣的過程。即使長大成人，語學的學習基本上也是相同的。總之，一開始就要讓自己投入文章中。

如果想背單字，就利用字典來背

學習英文，卻懶得查英漢辭典的人，沒有辦法增加默背存款。

字典有其使用方法。但是不是查，而是可以用來記憶。字典中不單是單字的意義，連單字在文句中該如何使用，例句中都有記載。所以不要光背單字。在短文中也有單字出現，因而使用字典時，這些例句非常重要。我會一邊查單字的意義一邊看例句，在文脈中掌握單字。

因此，一定要選擇例文多的字典。此外，字典的例文並不是用眼睛看過就算了，盡可能要念出來。大聲念出來具有強化記憶的效果。即使不想當場默背，光是念出來就能使其存在記憶的某處。

此外，我用字典查出來的單字一定會做上記號。並不是爲了背它，而是當忘了這個單字時，可以確認自己先前已經查過了。長期使用字典時，如果出現做過好幾次記號的單字，則在這個階段可以將它做成卡片。

例文較多的單字，尤其是動詞，也可以做成卡片默背下來。動詞會因爲一個前置詞而使得意義有很大的不同，所以必須將其變化默背下來。

- 背英文短文能夠同時背單字、片語、文法。
- 每次背三個英文短文。
- 使用中英對照書進行速讀訓練。
- 查字典時查出的部分要念出來，同時要念例文。

考試要領㉒

利用「感情的默背」攻略國文、默背考試術

少女漫畫是少數攻略國文的秘密武器

詢問國文非常拿手的朋友「你是如何用功的呢」或「怎麼能解開這道難題」，恐怕他們的回答無法成爲你的參考。因爲一般人的回答可能是「平常多接觸好的文章呀」。事實上，沒有比國文的考試問題更難掌握解答的了。

學習國文的難處，就是即使努力默背，其結果不見得非常好。其他科目花點時間也許就能使分數提升，但是國文即使做了五本、十本的問題集，也沒有什麼大差距。不見得花很多時間就能提升分數。換言之，國文是最有感覺、水準最高的科目。因此，有的人認爲「開始時不要復習國文，應該先復習其他科目」，這也不是沒有根據的做法。如果不斷努力而成績無法提升時，即使浪費時間也沒有用。經常聽人說「考

試不需要拿第一，只要能合格就可以了」，在現代社會中這種傾向很強。所以「以最低限度的努力取得合格最低分」的想法很重要。

因此，我絕對不會浪費用功的時間去鑽研現代國文。反而將遊玩的時間用來研讀現代國文。例如，陷入低潮、無法發揮集中力時，我就會看自己喜歡的小說或雜誌，一定有些幫助。此外，我所指導的某位理科的考生，很討厭閱讀文章，根本不看小說。後來我建議他看自己感興趣的『牛頓』等科學雜誌，結果他原本很差的國文成績卻開始提升了。

就算討厭小說，看漫畫也無妨。漫畫看起來只是一種映像表現，但事實上它卻是一種語言表現；不過，不要看少年漫畫，因為有很多非國文的文字反而會造成閱讀力降低。可以選擇少女漫畫，台詞比較長，類似小說。構成少女漫畫世界的語言具有高度水準，看的時候自然就能鍛鍊讀者的語言力。我讀高中時，一群人成立了少女漫畫社，這個社團成員的國文能力都非常棒。所以少女漫畫家大都是『文學少女』。可能就是在看漫畫時掌握這種感覺吧！

此外，也可以將寫文章的訓練納入生活中。製作我先前敘述的「用功家計簿」

時，可以寫「五行日記」。哪怕只是五行文章，但是如果沒有感動時，就沒有辦法寫文章。事實上，我認爲國文的感覺就是「即使對於無聊的東西也能感動的能力」。即使五行也好，每天寫日記，你就不會懶得寫短的文章了。爲什麼強調五行呢？因爲考試題目大都是五行，也就是一百字前後就能做答了。所以五行日記也可以當成做答的訓練。

想在最短的時間內提升現代國文的得分力，可以看過去十年的問題，掌握理想學校的作答重點也很重要。所以要多看不同的考試題目。對於問題和答案的關係，可以多看參考書。

不可否認的，現代國文的實力的確與「看過多少文章」有關。但是考試在即，沒有辦法多閱讀，因此，只好精讀過去的考試題目。如果以上我的敘述你都無法做到，只好放棄國文，把能量放在其他科目上，這也是一種方法。

將古文的翻譯都看過一遍，掌握情節與人際關係

國文是考試科目中水準最高的，因此問題也較難。像英文並不考古文，所以不必

探討登場人物的心理。

我們要掌握實際生活中周遭人物的想法是很困難的，利用文章掌握古人的想法就更加困難了。即使記住古文單字，也沒有辦法提升解答問題的力量。沒有比古文單字更難背的東西了。將古文單字整個默背下來並不輕鬆。

克服古文的捷徑，就是將考試中最常出現的古文翻譯成白話文，掌握登場人物的人際關係，即使是難解的文章，也可以憑想像找出情節，以提高得分。也許老師會對你說「這麼做不是眞正了解古文，還是要多閱讀古文吧」，但是請你放棄這個念頭，因爲考生還要做英文、數學等，沒有時間從早到晚和古文格鬥。如果想培養古文能力，考取大學後再培養也不遲。

- 現代國文可以徹底研究「問題集」，培養做答術。
- 光是背古文單字毫無意義。必須將古文翻譯成白話文整個看過，掌握內容。

考試要領㉓

利用「立體化」攻略社會、默背考試術

歷史教科書如果能以百年為單位重新編輯，則年號只要默背重點就夠了

社會科是很單純的默背物。但是如果從遠古時代開始默背到現代，就太笨了，即使花再多的時間也無法征服。有些考生會煩惱「怎麼也背不起來」。這並不是因爲你的頭腦不好，而是因爲要領太差。必須減少歷史的內容，將其體系化、具體化，這個要領非常重要。以下介紹我當時的做法。

首先是將歷史立體化，就能提升效率，整個默背下來。因此，我最初會準備三本教材。一本是再編輯用，一本是檢查重要事項用，最後一本則是直接閱讀用。

再編輯用的教材先將其分開，按朝代重新裝訂。每一冊及中外歷史都以這種方式再編輯。

當成檢查重要事項用的教材，以筆勾畫出重要內容，勾畫的內容要念出來，念過之後有助於記憶。歷史的因果關係很重要，因此要掌握因果關係。最後利用閱讀用的書籍確認自己是否眞的記住了。

也許各位會認爲我對待教材的方式粗暴。但是考試的情報如果不拆開或弄髒就無法吸收時，就要毫不猶豫地破壞教材。

歷史與其使用參考書，還不如使用新書更有幫助

考試用功所使用的教材，不見得一定是教科書或參考書。有時候可以使用與考試無關的出版社出版的新書。這些書籍對於考試也有幫助。

我就讀高三時，就有看歷史小說的習慣。學校的授課教導的是片斷的歷史，很難掌握整個時間，很難用來概覽整個歷史的流程。這時就可以藉著翻閱新書來彌補。一些出版社出版的歷史小說是依照時代或地區敘述。花二十個小時全部讀完，就可以掌握一大段歷史。

是否具有這種整體的印象，對於歷史的默背會造成很大的差距。因爲這樣能使你

零亂默背的事項清楚形成一條軸。

這種方式不但對默背有幫助，對於考試也能發揮效力。整體的歷史感有助於應試。

此外，還有一些默背歷史的重點。首先，很多人認爲默背要從古代開始。事實上歷史只是單純的默背物，與上課的進度沒有任何關係。只要從考試經常出現的部分開始就可以了。

歷史參考書不能當成參考，一般而言，歷史參考書的默背事項很多，很難了解到底何者是重要事項，因而開始默背後，結果卻討厭默背而中途放棄了。

在這一方面，教科書的編排就比較好。精簡深具要領，令我非常佩服，只要有這些教科書，根本就不需要參考書。

教科書的使用方法，例如歷史教科書中經常出現的插圖、圖片、圖表、欄外註解等都必須要注意。這些有可能是出題的重點。默背時要多注意這些部分。有時候可以看目次，就可以在較短的時間內檢查整個歷史的演變。索引也是確認默背的最好檢查表。以往出現過的考題也要整個默背下來。

地理要以去觀光旅行的方式加強印象

復習地理時，想像力非常重要。即使沒有到過外國，也感覺好像去過那個國家似的，想像該地的風景，較容易默背。應該記住的情報不會變成一種無聊、枯燥的情報背下來。一邊描述自己的想像，一邊背下來，就能固定在記憶中。

例如，太平洋的新喀里多尼亞是法國的屬地，爲了記住這一點，可以想像新喀里多尼亞——「碧海、白色的沙灘，法國美女穿著泳裝在享受日光浴」的情景，如此一來，就可以了解新喀里多尼亞是法國的屬地了。此外，曼谷是乾季、雨季分明的地方。可以想像自己走在曼谷街頭，被夏日的雨淋濕的姿態。

如果能夠加強想像而記住，當成旅行指南一般。發出聲音好像自己在當地進行解說。「在當地西班牙北部濕潤，冬天多雪。相反地，南部一整年都乾燥溫暖，爲著名的柑橘產地」。以這種語氣念出來。看起來好像很傻，但是念出來能夠毫無遺漏地說明，經過整理的情報重要事項能立刻浮現在腦海中。

此外，復習地理必須記住都市或地方的位置關係、產物、工業等時，可以準備幾張空白地圖，開始塡圖。我背美國地圖時，影印了好幾張空白地圖，在上方畫上洛杉磯等都市名稱，或小麥、石油等產物，山脈、河川的名稱等。

這些內容不必畫得很漂亮，只要自己看得懂就可以了。等到沒有空白地方可以書寫時，我又塡入另一張空白地圖上。就這樣累積了四、五張地圖，其目的並不是完成地圖，而是一邊看地圖一邊用指尖塡圖，能夠同時刺激視覺和觸覺，提高默背的效率。不只是中國，歐洲、美國、非洲等主要地區，幾乎都是以這種塡圖的方式復習。

地理在社會中與歷史不同，不是只要記住單純事項就夠了。各個都市或地區間的平面位置關係，也必須深印在腦海中，因此，這種塡圖方式最好。塡在空白的地圖中，腦海中就形成了一個完成圖。

- 默背歷史的細節之前，先看新書，掌握整體的流向。
- 不要從古代歷史開始，而要從近代的開始研究。
- 與其看厚的歷史參考書，還不如準備三本教科書，徹底使用。
- 歷史書中的挿圖、圖片、圖表大都是出題的重點。
- 將地理的地名等塡入空白的地圖中。

考試要領㉔

利用「省略化」攻略理科、默背考試術

物理如果能夠突破最初的力學，則物理是底較淺的科目

理科不行的最大原因是因爲討厭理科。理科的單元絕對數較少，因此可以集中精神用功。要將理科學好並不困難，事實上我讀高中二年級之前物理分數爲個位數，但是我從來沒有對自己的志願動搖。即使到了就讀高三的春天得了零分，我也不會因此而改變升學之路而到文科系就讀。

事實上，談及物理時，大部分考生覺得這個科目棘手。但是除了力學以外的單元，在考試時都是最容易拿分的單元。很多考生因爲不懂力學而放棄了物理，實在是非常可惜。

了解力學的重點之一，就是不要考慮張力、摩擦力、垂直抗力、重力等各種名

稱，只要想到「力」就可以了。物體只會由場承受力，或是與接觸物之間產生力。如果你不這麼想，你根本無法了解張力等名稱。

物理完全是一種數學的應用。在最初的階段熟悉微分、積分、三角函數再開始，就能使理解力倍增。

例如，物理一開始就學習速度、加速度，但是如果在高二時不了解微分，到了這一階段就很難了解了。如果不了解三角函數，也無法了解波動。

沒有微分，想要了解速度、加速度是很困難的。我在高一時根本不了解，但是高二了解微分後，就容易了解物理了。

最初學習物理時，當然完全不了解，但是不要因此而感到擔心。先把數學學完之後，集中精神在物理上，就會有進步。

先前說過，高二時我的物理分數非常低。但是我一點也不想改走文科系的路。可是我還是有點擔心，不知道該怎麼做才能提升分數，即使看教科書或參考書都沒有用。稍微想錯了就沒有辦法再看下去。於是我去購買了難題解答回來看。

當然，以我的能力而言根本沒有用。因此依照慣例，我看了問題之後立刻看答案。但是難題集的解答說明非常簡單。因此，我逐漸了解「物理的想法是這樣的」，而掌握了物理的基本想法。

想要靠簡單的問題集而了解物理，也是不可能的。因爲簡單的問題只要在單純的公式中塡入數值，立刻就能解答，如此一來根本無法了解物理。對於考試也沒有任何幫助。所以和數學同樣的，物理也要將解答整個默背下來才有效。聽到「物理」，大家都會認爲它是一種「理論」，但是這是進入大學之後的事情。高中生的物理和數學一樣，整個默背下來才是必勝法。

化學的默背事項要徹底省略化

大家對於化學的誤解，就是認爲要默背的東西很多，但是這是錯誤。的確，化學物質的種類很多，化學公式也很多，背化學公式的確是一大事業，但是化學公式根本不必背。像化學公式「氧化鋁（HI_2O_3）……」或「硫化氫（H_2S）」在問題中幾乎都已經出現了，所以不必刻意背化學式。

英文單字是一種語言，因而要透過文脈進入腦海中，但是化學公式只不過是符號而已。像「氯化鈉」、「氧化鎂」等要整個記住，也許你會因爲記不住而敲自己的頭。所以你認爲化學非常難懂，但事實上眞正要背的只是其中的一部分而已。我認爲化學公式只要背必要最低限度的公式就可以了。

我會將化學反應式整個默背下來。化學反應式和英文短文、數學問題等一樣，就是解答問題時所需要的單體，所以要背下來。

此外，化學問題看似難懂，但是其實態卻是如小學生的文章問題程度而已。化學問題即使再難，分析文章後會發現，大部分問題都是A幾公克與B幾公克反應之後，會產生幾公克的C，只要了解到這個地步，相信就非常簡單了。

最重要的是掌握題意，將反應式納入腦海中。接下來的只不過是二位數的計算問題而已。所以化學反應式本身並不困難。

化學考試是底較淺的學科，所以不必害怕。

生物只需要記住共通一次問題集中出現的內容

最後提到生物，這也是單純的默背物，只要花時間，任何人都辦得到。當然想得到七十分很容易，不過想要得到八十分也許需要花更多的時間，一定要了解這一點。要多得十分，需要花多少時間呢？要花的時間恐怕比你學其他事物提升整體分數所需的時間更多。此外，還必須考慮與其他項目的關係而用功。所以，如果其他項目沒有問題，而且有自信、有時間時，你可以這麼做。

爲了得到七十分，你需要一本圖表示的厚參考書。首先要做共通一次的問題集。這樣就可以掌握出題的範圍及傾向。然後再反覆閱讀參考書，默背重要事項。

到了這個程度，你一定可以得到七十分。如果你實在沒有多餘的時間，默背的過程大約二週內就能完成了。

- 包括力學在內，物理要將難題集的解答整個默背下來。
- 不必背化學公式、質量數等。
- 化學不要背化學公式，而要背化學反應式。
- 物理、化學不要看教科書。
- 生物要利用共通一次問題集默背頻頻出現的題目。

第六章　讓閱卷老師給你合格分數的要領

——從一分也不浪費的作答方法，到增加一分的考試術——

●考試要領㉕●

最後一個月時使「默背存款」倍增的考前術

考前放輕鬆，這是考試常識的謊言

考識常識的謊言之一，就是「在考試之前的時期要放慢學習的步調」。其理由就是，考試前緊張地學習也不可能產生很好的效果，還不如放輕鬆，等到眞正考試時，才能產生好結果。

我卻認爲這是一大謊言。因爲在考試之前放慢腳步，就好像原本跑在前頭的跑者，在抵達終點前跑出跑道一樣。即使到了眞正考試時，也不能放慢用功的腳步。得分力必須一直持續到考試爲止。

而且，考試特有的強迫觀念，會產生特有的「截止效果」，可以加以利用。在緊迫的狀況中產生集中力，提升默背力，得以提升實力。這時如果放慢速度或休息，截止效果會造成反作用，反而使你變得更焦躁。

考試前學校會放假，讓考生擁有許多時間。這時你可以花十～十二小時努力用功。雖然同樣是放假，但是和暑假不同，能夠提高用功的效率，伸展實力。因此，在暑假期中花一小時完成的事情，在這個時候只要花二十分鐘就能完成了。

雖然不是大學考試，但是我以自己曾經參加過的國家醫師考試爲例，爲各位說明。據說要通過這個考試，需要花一年的準備時期。

國家醫師考試在五月時舉行。不過我卻在十二月時才開始準備。也就是說，我在五個月內就準備了應付國家醫師考試必要的知識。

我的理論是「學習時間越不夠用，就越能增加迫切感，產生集中力。因而效率飛躍提升」，但是我要強調，如果拚命玩，無法產生用功的情緒。可是短期間內準備考試，濃縮了集中力。

我一天花十個小時拚命努力，結果通過了考試。

不過，我覺得眞正有用的是考試前一週。這個時期突然開始做問題集。考前的迫切感加強了集中力，使我更努力。

考前要將全部時間用在做考試問題及復習上

考前的用功，以製品的製作工程而言，就是最後的修飾及品質檢查。因此，必須好好地檢查製品，也就是默背的事項，不良品再生，未完成品將其完成。而即使是品質檢查通過的默背事項，也必須再三地檢查，才是萬全之策。

準備考試時檢查非常重要。即使記住很多東西，品質不穩定，等到作答時，處處都可能會跌倒。考試比模擬考試的計分方式更困難。如果在考前放鬆步調，會造成不良品、未完成品上市，最後會被退還。閱卷老師能夠接受的「答案」製品，一定要妥善製造。所以這個時期的學習非常重要。

相信各位已經知道了，考試之前的用功是要解答考試問題，檢查自己的默背，利用自己以往用功的總復習，進行製品的最後修飾。到了這個時期，就算增加新知識，只會焦躁，不會產生任何效果。用功的努力只在於復習和做考題而已。

考前一個月時，我一天平均用功八小時。三十天×八小時爲二百四十小時，全部科目的總復習占了八十小時，做考題占了一百六十小時。先前我一直強調不要解答問題，但是不斷累積的默背力使我可以實際應用在考題上。用一百六十小時做考題，每一科目都做了很多題目。每天做使得頭腦和身體已經習慣了眞正考試的步調。

做考題時，必須在限制時間的百分之八十以內完成考題。實際考試的時間爲九十分鐘或一百二十分鐘，如果爲九十分鐘則在七十分鐘內完成，一百二十分鐘的時間則在一百分鐘內完成。等到眞正考試時，做答結束後還有重新檢查的時間。最重要的就是培養分辨「會做的問題」與「不會做的問題」的眼光。

充分使用限制時間，如果還有時間的話，很多人會一題一題地開始解答，但是事實上不可能讓你這麼悠閒。會做的問題要徹底去做，確保分數。不會的問題待會兒再來處理。所以必須培養迅速判斷會做與不會做的問題之判斷力。此外，數學必須迅速解答問題，英文則必須培養速讀力，這些都有效。

考試的問題，一定要整個默背下來。同樣的問題雖然不可能每年持續出現，但是背下來一定對你有幫助，這一點非常重要。給予自己一種「眞正考試時我一定可以」的自我暗示，建立自信。

這個時期復習需要的是卡片。卡片是在默背時記不住的事項，或是很難記住的事項之記錄，所以可以用來檢查，非常有效。利用這個檢查，就能使眞正考試時遇到阻礙的情形銳減。因此，我指導的考生在眞正考試之前，我要他們一定得隨身帶著卡片。

我一天平均做三張卡，大約累積了一千張的卡。考前五天內重新看這些卡，而且把卡帶往考場。在考場仍然持續檢查，這種執著的做法眞的對我有幫助。

除了卡以外，以往學過的問題集、參考書等，也必須一一檢查。但是在這個階段，不要再買新的參考書，即使買來，最後只能當成檢查用的單字集而已。新的知識或情報只能從考試問題集中記住。最重要的是檢查以往自己記住的東西。

到了這個時期，大家會感到焦躁。我一直出現背下來的東西又忘了的情形。因此會產生一種「再這樣下去不行呀，怎麼辦呢」的焦躁心情。

這時就算是騙自己也好，我會想像自己順利解答問題的姿態。某位棒球好手據說在比賽的前一天晚上，一定會想像自己打出全壘打，在觀衆的歡呼聲中繞場一周的樣子。等到眞正站在打擊區時，就能燃燒力量，將全部精神集中在打擊上。

這種想像在實際的場面中，能夠產生強烈的集中力。等到眞正考試時也不會退縮，產生旺盛的鬥志。

考前坐在桌前，只用視覺鍛鍊集中力

在這個階段用功時，即使是我也會默默坐在桌前。以前默背時會來回走動，念出來或揮舞雙手，但是等到眞正參加考試時就不會這麼做了。考前坐在桌前，光是用眼睛的集中力用功。這是爲了盡可能習慣於類似考試的環境。以往獨特的用功法，使你的頭腦已經習慣了某種型態，但是這時必須利用這種方法，等到眞正考試時，你的步調才不會紊亂。

此外，有的人在參加眞正的考試之前，會將以往夜型的生活改變爲日型的生活。可是我認爲一開始就要過日型的生活，如此一來，就不需要改變生活的步調。這種「日型」如果早上八點才起床也沒有任何意義。因爲早上醒來後到頭腦充分運作之前，至少需要花三小時。考試從早上九點開始，所以最晚六點就必須起床。還沒有經過三小時之前，就算當事人覺得已經清醒了，但是事實上頭腦還沒有清醒，觀察腦波，會發現剛清醒不久時，頭腦還沒有開始活動，表示頭腦還沒有開始活動的緩慢波長的波出現了。在這種狀態下參加考試，無法將得到好結果。

如果參加考試，必須使頭腦完全清醒才行。即使住在離考場較近的地方，也不可以七、八點起床，一定要養成六點起床的習慣。讓身體完全習慣於這種步調，需要花一個月的時間，所以在考前一個月就必須這麼做。考前一週才慌張地改變生活規律已經太遲了。一定要花一個月養成六點起床的規律。

只有英文要每天復習，使感覺不至於遲鈍

這個時期的用功最重要的一點就是英文一定要每天復習。英文如果停下一天，就會造成感覺遲鈍。我就讀高中時，有一位同學希望考取文科，因此，他的英文考試經常保持在全校前十名以內。

這位男生在考試前開始復習歷史，完全不看英文。可能是因為他太有自信了吧。但是他真正考試時，拿手的英文科卻遭遇大失敗，結果落榜了。

相信一般大學都有這樣的經驗，考試時能夠順利閱讀的英文，到了幾個月後，變成完全看不懂了。也就是說稍微放任不管，英文力就會降低。所以英文一定要每天復習。閱讀是考試問題的關鍵，必須一直持續下去，不要讓你好不容易培養的英文頭腦沈睡了。

- 考試前暑假花一小時完成的事情，二十分鐘就能完成。
- 考試問題要在限制時間的百分之八十以內的時間內完成。
- 考前可以利用卡片檢查默背漏了的項目。
- 考前要養成早上六點起床的規律。

考試要領㉖

多得到一分的作答術

選擇符號方式有答案術

提到作答術，一般人會想到敘述式的問題，但是事實上對分數最容易造成影響的，卻是選擇符號的方式。

首先是畫答案卡的方法。最好不要將問題全部解答完之後再畫卡，一旦抄錯了可就慘了。還好我是在模擬考時犯了這種錯誤，但是只是因爲單純的失誤跳過了一個答案，結果所有的解答都錯了。

所以，每十題畫答案卡是最好的方法。

畫答案卡的方式有一些法則。如果連續二道題目的正確答案有二時，則第三題的正確答案絕對不會是二。事實上，當我不知道如何作答時，都會考慮到出題者的這種想法，而使用這類的技巧。

為了讓閱卷人員容易閱卷，因而答案都有一定的內容。只要將默背的內容一一寫下即可。

我認為如果要巧妙作答，和朋友一起計算分數是最好的捷徑。我在考試前和朋友一起做相同的考試集，大家一起計算分數，而且盡量找出錯誤。當嚴格地計算分數時，即使知道這是一種訓練，也不會感覺有趣，因為自己也會做出非常嚴格的評斷。在嚴格之中就能培養計分的眼光。

如果只從解答一方的觀點來看的話，只能看到事物的一半。如果站在計分的立場，就會了解計分的確很困難，加深自己的了解。即使是優等生的答案，仔細找尋還是會發現一些破綻。

這樣便有助於提升學力，一定要和心意相投的朋友一起實行。

每回答一個問題，要看整個問題，不要遺漏了送分題

手上拿著答案紙，相信沒有人會慌慌張張地從第一題開始著手吧。不論任何人，

最初一定會先決定好著手的順序，再開始作答。到了這一步大家都會，但是光是這樣還不夠，不要一開始就決定全部的作答順序。寫完一個問題後，將剩下的問題全部看一次，決定接下來要解答的問題。

尤其是理科的科目，這個方法非常有效。例如有五題，要將五題都看清楚，從最容易的一題開始著手作答。完成後再看剩下的四題，再找尋比較容易的題目作答，每一次都要進行。

這種做法的優點，我認爲當你在瀏覽問題群時，產生一種「感覺很容易」的靈感非常重要。這種「感覺很容易」的感覺雖然只在瞬間，但是過了十分鐘到二十分鐘後，這種印象會完全改變。事實上，好不容易產生的靈感必須要立刻運用，否則根本無用。

數學方面有一些無法著手解答的問題。這是不存在於自己的解答記憶中的問題，遇到這些問題時，即使向它挑戰，也無法在有限的時間內解答。只有相當具有數學才能的人才辦得到，一般的凡人只會浪費時間。所以面對這些問題時，最好先敬而遠之。數學只要答對六成到七成就合格了，遇到一些難解的問題必須捨棄，將全力用在其他問題上。捨棄一個問題，就能產生餘裕。

驗算不是光用眼睛看，這樣無法發現錯誤。不只是數學，物理、化學等科目，如果時間許可，計算的部分一定要重新算一次。

此外，不要一開始就進行時間的分配。先處理一些送分題，再進入實戰狀態。例如英文先做填充題，再決定其他單元的時間。

數學則先解決簡單的問題，再決定解決其他問題的時間。一開始如果就做好了決定，就很難加以修正了。

作答之前只構想到底要得幾分

在答案紙上作業，和打高爾夫球有些類似。高爾夫球光是用力揮桿無法獲勝。依狀況不同而決定如何打球。要求將全體重新組合的想像力。

構想全體的組合，對於考試而言非常重要。也就是說，面對考題，必須想像自己能得到幾分，對於拿手科目而言更是如此。

例如，國文中拿手的古文如果出得很多，而理科方面自己不會的題目全出現了，這時候在自己辦不到之中要考慮最好的方法。否則原本小心的人會變得更爲焦躁，能夠作答的題目也全都無法做了。面臨危機時，到底應該將努力集中於哪一部分，到底應該得到幾分等，一定要冷靜構想才行。

例如，捨棄一道數學的難題。捨棄一題而確實掌握其他問題——擁有這種構想，就能冷靜處理問題。

如果想到建立整體的構想，就能掌握自己的得分。

只要注意這些重點，可以多得幾分

接下來敘述詳細的注意事項。

字寫得不好沒有關係，但是一定要以正體字書寫。大量的答案在短時間內計分的考試，如果字寫得太潦草，會造成很大的害處。

英文、國文的長文解讀，每一段落相當於結論的地方都要畫線。根據我的經驗，考試經常出的論說文，結論大都寫在最初的二行。英文的長文看過一次時畫下重點，再重新看時一定能節省很多時間。

・每十題畫一次答案卡。

・選擇符號方式的數學解答爲0～9的整數。無法解答時，可將答案帶入解答問題。

・和朋友一起嚴格地計算分數，能夠使作答技巧更爲純熟。

・解答時間的分配在解答完送分題後再進行。

●考試要領㉗●

將「默背存款」活用到最大限度的考試術

至少要有一位朋友陪在考場

即使努力準備考試，眞正考試時還是會害怕而焦躁。持續一、二年努力的結果，只花一、二天的時間就決定了。而且這個考試的結果對於今後的人生會造成很大的影響，因此，任何人都沒有辦法冷靜下來。但是這個時候如果不能發揮最佳狀況，恐怕以往的辛苦都會化爲泡影。大學考試中很多體調不好的人會落榜、氣弱的人會落榜、不懂要領的人會落榜。而最後落榜的人則是沒有實力的人。即使有實力，如果不能充分發揮，沒有任何意義。

如果想要以輕鬆的心情參加考試，至少要確保有一位朋友在考場。當天早上哪怕只是說一聲「早呀」，就完全不同了，很自然就能夠放鬆無用的緊張。一起吃午飯也能轉換心情。

我自認是無法抵擋壓力的人，但是眞正考試時卻不會感到焦躁，就是因爲在同樣的考場中有幾十個同學。

雖然需要朋友，但是在考場不要和朋友對答案。考試時一旦發現錯誤會造成信心動搖，沒有優點。所以事先和朋友約定好，不要對答案。

到達考場的前一站下車走路

在考場中有朋友當然很重要，但是不要讓朋友和你住在一起。我是自己一個人住在旅館，但是看到很多住在一起的同學，甚至很多優等生最後都落榜了。即使是親密的朋友，平常並沒有住在一起，因此要盡量避免一些不習慣的事情，以免引起精神上不必要的興奮。

前一晚擔心的事項要再檢查一次，使情緒平靜下來是最重要的。因此，最好自己一個人住宿。

我是走路到考場的。很多人認爲應該住宿在接近考場的地方，但是最好是徒步行走三十分鐘的距離較好。

不只是考生，一邊走一邊思考事物，容易浮現好的靈感，相信大家多少有這種經驗。走路能使腦活性化，先前已敘述過了。如果搭車前往時，提早一站下車步行到考場較好。

盡可能不要搭乘計程車。多使用大衆運輸工具較不易因塞車而遲到，也可以減少發生意外事故的機會，避免慌張的心情。

總之，考試當天的健康狀態及精神狀態，對於考試會造成極大的影響。一定要做好萬全的準備，調整自己的狀況。

- 在考場絕對不要對答案。
- 焦躁時可以數缺席的人數。
- 住宿於旅館時要單獨住宿。
- 不要搭計程車前往考場。

附錄

調查你的「忘却曲線」

■你的忘卻曲線表

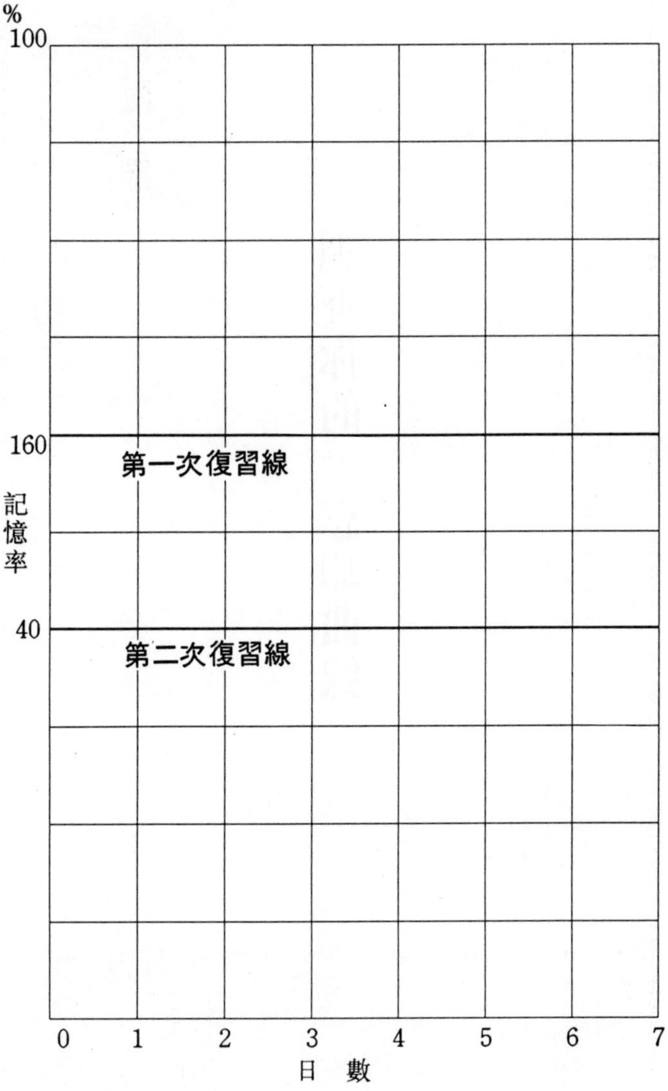

〈調查你的忘却曲線〉

前面已經解說過忘卻曲線了。這個曲線是實驗心理學家艾賓格哈斯所發現的。也就是以圖表的方式表示人類記住的事物。隨著時間的消逝大概會遺忘多少。當然這個「忘卻率」具有個人差異，知道自己的忘卻曲線，就能進行有效的復習。

請利用上頁的圖表調查。實際上默背五十個事項，每天檢查，記錄自己到底記住了多少。當然，檢查也是一種復習。光是一次的檢查無法測定出正確的數字，至少要實驗三次。

默背的內容不論是英文單字或歷史都可以。最好是默背英文短文。可以隨便默背五十句短文。

將復習線當成大致的目標，記憶率爲百分之六十與四十。一般而言，人類到百分之六十爲止會急速遺忘，越過百分之四十後就不會忘記了。也就是說，在急速遺忘時進行第一次復習，在記憶固定時進行第二次復習較有效。

大展出版社有限公司　圖書目錄

地址：台北市北投區(石牌)
致遠一路二段 12 巷 1 號
郵撥：0166955～1
電話：(02)28236031
28236033
傳真：(02)28272069

・法律專欄連載・電腦編號 58

台大法學院　法律學系／策劃
法律服務社／編著

1.	別讓您的權利睡著了 1	200 元
2.	別讓您的權利睡著了 2	200 元

・秘傳占卜系列・電腦編號 14

1.	手相術	淺野八郎著	180 元
2.	人相術	淺野八郎著	180 元
3.	西洋占星術	淺野八郎著	180 元
4.	中國神奇占卜	淺野八郎著	150 元
5.	夢判斷	淺野八郎著	150 元
6.	前世、來世占卜	淺野八郎著	150 元
7.	法國式血型學	淺野八郎著	150 元
8.	靈感、符咒學	淺野八郎著	150 元
9.	紙牌占卜學	淺野八郎著	150 元
10.	ESP 超能力占卜	淺野八郎著	150 元
11.	猶太數的秘術	淺野八郎著	150 元
12.	新心理測驗	淺野八郎著	160 元
13.	塔羅牌預言秘法	淺野八郎著	200 元

・趣味心理講座・電腦編號 15

1.	性格測驗① 探索男與女	淺野八郎著	140 元
2.	性格測驗② 透視人心奧秘	淺野八郎著	140 元
3.	性格測驗③ 發現陌生的自己	淺野八郎著	140 元
4.	性格測驗④ 發現你的真面目	淺野八郎著	140 元
5.	性格測驗⑤ 讓你們吃驚	淺野八郎著	140 元
6.	性格測驗⑥ 洞穿心理盲點	淺野八郎著	140 元
7.	性格測驗⑦ 探索對方心理	淺野八郎著	140 元
8.	性格測驗⑧ 由吃認識自己	淺野八郎著	160 元
9.	性格測驗⑨ 戀愛知多少	淺野八郎著	160 元
10.	性格測驗⑩ 由裝扮瞭解人心	淺野八郎著	160 元

11.	性格測驗⑪ 敲開內心玄機	淺野八郎著	140 元
12.	性格測驗⑫ 透視你的未來	淺野八郎著	160 元
13.	血型與你的一生	淺野八郎著	160 元
14.	趣味推理遊戲	淺野八郎著	160 元
15.	行為語言解析	淺野八郎著	160 元

·婦 幼 天 地· 電腦編號 16

1.	八萬人減肥成果	黃靜香譯	180 元
2.	三分鐘減肥體操	楊鴻儒譯	150 元
3.	窈窕淑女美髮秘訣	柯素娥譯	130 元
4.	使妳更迷人	成　玉譯	130 元
5.	女性的更年期	官舒妍編譯	160 元
6.	胎內育兒法	李玉瓊編譯	150 元
7.	早產兒袋鼠式護理	唐岱蘭譯	200 元
8.	初次懷孕與生產	婦幼天地編譯組	180 元
9.	初次育兒 12 個月	婦幼天地編譯組	180 元
10.	斷乳食與幼兒食	婦幼天地編譯組	180 元
11.	培養幼兒能力與性向	婦幼天地編譯組	180 元
12.	培養幼兒創造力的玩具與遊戲	婦幼天地編譯組	180 元
13.	幼兒的症狀與疾病	婦幼天地編譯組	180 元
14.	腿部苗條健美法	婦幼天地編譯組	180 元
15.	女性腰痛別忽視	婦幼天地編譯組	150 元
16.	舒展身心體操術	李玉瓊編譯	130 元
17.	三分鐘臉部體操	趙薇妮著	160 元
18.	生動的笑容表情術	趙薇妮著	160 元
19.	心曠神怡減肥法	川津祐介著	130 元
20.	內衣使妳更美麗	陳玄茹譯	130 元
21.	瑜伽美姿美容	黃靜香編著	180 元
22.	高雅女性裝扮學	陳珮玲譯	180 元
23.	蠶糞肌膚美顏法	坂梨秀子著	160 元
24.	認識妳的身體	李玉瓊譯	160 元
25.	產後恢復苗條體態	居理安・芙萊喬著	200 元
26.	正確護髮美容法	山崎伊久江著	180 元
27.	安琪拉美姿養生學	安琪拉蘭斯博瑞著	180 元
28.	女體性醫學剖析	增田豐著	220 元
29.	懷孕與生產剖析	岡部綾子著	180 元
30.	斷奶後的健康育兒	東城百合子著	220 元
31.	引出孩子幹勁的責罵藝術	多湖輝著	170 元
32.	培養孩子獨立的藝術	多湖輝著	170 元
33.	子宮肌瘤與卵巢囊腫	陳秀琳編著	180 元
34.	下半身減肥法	納他夏・史達賓著	180 元
35.	女性自然美容法	吳雅菁編著	180 元
36.	再也不發胖	池園悅太郎著	170 元

37. 生男生女控制術	中垣勝裕著	220元
38. 使妳的肌膚更亮麗	楊　皓編著	170元
39. 臉部輪廓變美	芝崎義夫著	180元
40. 斑點、皺紋自己治療	高須克彌著	180元
41. 面皰自己治療	伊藤雄康著	180元
42. 隨心所欲瘦身冥想法	原久子著	180元
43. 胎兒革命	鈴木丈織著	180元
44. NS磁氣平衡法塑造窈窕奇蹟	古屋和江著	180元
45. 享瘦從腳開始	山田陽子著	180元
46. 小改變瘦4公斤	宮本裕子著	180元
47. 軟管減肥瘦身	高橋輝男著	180元
48. 海藻精神秘美容法	劉名揚編著	180元
49. 肌膚保養與脫毛	鈴木真理著	180元
50. 10天減肥3公斤	彤雲編輯組	180元
51. 穿出自己的品味	西村玲子著	280元

・青春天地・電腦編號17

1. A血型與星座	柯素娥編譯	160元
2. B血型與星座	柯素娥編譯	160元
3. O血型與星座	柯素娥編譯	160元
4. AB血型與星座	柯素娥編譯	120元
5. 青春期性教室	呂貴嵐編譯	130元
6. 事半功倍讀書法	王毅希編譯	150元
7. 難解數學破題	宋釗宜編譯	130元
9. 小論文寫作秘訣	林顯茂編譯	120元
11. 中學生野外遊戲	熊谷康編著	120元
12. 恐怖極短篇	柯素娥編譯	130元
13. 恐怖夜話	小毛驢編譯	130元
14. 恐怖幽默短篇	小毛驢編譯	120元
15. 黑色幽默短篇	小毛驢編譯	120元
16. 靈異怪談	小毛驢編譯	130元
17. 錯覺遊戲	小毛驢編著	130元
18. 整人遊戲	小毛驢編著	150元
19. 有趣的超常識	柯素娥編譯	130元
20. 哦！原來如此	林慶旺編譯	130元
21. 趣味競賽100種	劉名揚編譯	120元
22. 數學謎題入門	宋釗宜編譯	150元
23. 數學謎題解析	宋釗宜編譯	150元
24. 透視男女心理	林慶旺編譯	120元
25. 少女情懷的自白	李桂蘭編譯	120元
26. 由兄弟姊妹看命運	李玉瓊編譯	130元
27. 趣味的科學魔術	林慶旺編譯	150元
28. 趣味的心理實驗室	李燕玲編譯	150元

29. 愛與性心理測驗	小毛驢編譯	130元
30. 刑案推理解謎	小毛驢編譯	180元
31. 偵探常識推理	小毛驢編譯	180元
32. 偵探常識解謎	小毛驢編譯	130元
33. 偵探推理遊戲	小毛驢編譯	130元
34. 趣味的超魔術	廖玉山編著	150元
35. 趣味的珍奇發明	柯素娥編著	150元
36. 登山用具與技巧	陳瑞菊編著	150元
37. 性的漫談	蘇燕謀編著	180元
38. 無的漫談	蘇燕謀編著	180元
39. 黑色漫談	蘇燕謀編著	180元
40. 白色漫談	蘇燕謀編著	180元

·健康天地·電腦編號 18

1. 壓力的預防與治療	柯素娥編譯	130元
2. 超科學氣的魔力	柯素娥編譯	130元
3. 尿療法治病的神奇	中尾良一著	130元
4. 鐵證如山的尿療法奇蹟	廖玉山譯	120元
5. 一日斷食健康法	葉慈容編譯	150元
6. 胃部強健法	陳炳崑譯	120元
7. 癌症早期檢查法	廖松濤譯	160元
8. 老人痴呆症防止法	柯素娥編譯	130元
9. 松葉汁健康飲料	陳麗芬編譯	130元
10. 揉肚臍健康法	永井秋夫著	150元
11. 過勞死、猝死的預防	卓秀貞編譯	130元
12. 高血壓治療與飲食	藤山順豐著	150元
13. 老人看護指南	柯素娥編譯	150元
14. 美容外科淺談	楊啟宏著	150元
15. 美容外科新境界	楊啟宏著	150元
16. 鹽是天然的醫生	西英司郎著	140元
17. 年輕十歲不是夢	梁瑞麟譯	200元
18. 茶料理治百病	桑野和民著	180元
19. 綠茶治病寶典	桑野和民著	150元
20. 杜仲茶養顏減肥法	西田博著	150元
21. 蜂膠驚人療效	瀨長良三郎著	180元
22. 蜂膠治百病	瀨長良三郎著	180元
23. 醫藥與生活(一)	鄭炳全著	180元
24. 鈣長生寶典	落合敏著	180元
25. 大蒜長生寶典	木下繁太郎著	160元
26. 居家自我健康檢查	石川恭三著	160元
27. 永恆的健康人生	李秀鈴譯	200元
28. 大豆卵磷脂長生寶典	劉雪卿譯	150元
29. 芳香療法	梁艾琳譯	160元

30. 醋長生寶典	柯素娥譯	180元
31. 從星座透視健康	席拉・吉蒂斯著	180元
32. 愉悅自在保健學	野本二士夫著	160元
33. 裸睡健康法	丸山淳士等著	160元
34. 糖尿病預防與治療	藤田順豐著	180元
35. 維他命長生寶典	菅原明子著	180元
36. 維他命C新效果	鐘文訓編	150元
37. 手、腳病理按摩	堤芳朗著	160元
38. AIDS瞭解與預防	彼得塔歇爾著	180元
39. 甲殼質殼聚糖健康法	沈永嘉譯	160元
40. 神經痛預防與治療	木下真男著	160元
41. 室內身體鍛鍊法	陳炳崑編著	160元
42. 吃出健康藥膳	劉大器編著	180元
43. 自我指壓術	蘇燕謀編著	160元
44. 紅蘿蔔汁斷食療法	李玉瓊編著	150元
45. 洗心術健康秘法	竺翠萍編譯	170元
46. 枇杷葉健康療法	柯素娥編譯	180元
47. 抗衰血癒	楊啟宏著	180元
48. 與癌搏鬥記	逸見政孝著	180元
49. 冬蟲夏草長生寶典	高橋義博著	170元
50. 痔瘡・大腸疾病先端療法	宮島伸宜著	180元
51. 膠布治癒頑固慢性病	加瀨建造著	180元
52. 芝麻神奇健康法	小林貞作著	170元
53. 香煙能防止癡呆？	高田明和著	180元
54. 穀菜食治癌療法	佐藤成志著	180元
55. 貼藥健康法	松原英多著	180元
56. 克服癌症調和道呼吸法	帶津良一著	180元
57. B型肝炎預防與治療	野村喜重郎著	180元
58. 青春永駐養生導引術	早島正雄著	180元
59. 改變呼吸法創造健康	原久子著	180元
60. 荷爾蒙平衡養生秘訣	出村博著	180元
61. 水美肌健康法	井戶勝富著	170元
62. 認識食物掌握健康	廖梅珠編著	170元
63. 痛風劇痛消除法	鈴木吉彥著	180元
64. 酸莖菌驚人療效	上田明彥著	180元
65. 大豆卵磷脂治現代病	神津健一著	200元
66. 時辰療法—危險時刻凌晨4時	呂建強等著	180元
67. 自然治癒力提升法	帶津良一著	180元
68. 巧妙的氣保健法	藤平墨子著	180元
69. 治癒C型肝炎	熊田博光著	180元
70. 肝臟病預防與治療	劉名揚編著	180元
71. 腰痛平衡療法	荒井政信著	180元
72. 根治多汗症、狐臭	稻葉益巳著	220元
73. 40歲以後的骨質疏鬆症	沈永嘉譯	180元

74. 認識中藥	松下一成著	180 元
75. 認識氣的科學	佐佐木茂美著	180 元
76. 我戰勝了癌症	安田伸著	180 元
77. 斑點是身心的危險信號	中野進著	180 元
78. 艾波拉病毒大震撼	玉川重德著	180 元
79. 重新還我黑髮	桑名隆一郎著	180 元
80. 身體節律與健康	林博史著	180 元
81. 生薑治萬病	石原結實著	180 元
82. 靈芝治百病	陳瑞東著	180 元
83. 木炭驚人的威力	大槻彰著	200 元
84. 認識活性氧	井土貴司著	180 元
85. 深海鮫治百病	廖玉山編著	180 元
86. 神奇的蜂王乳	井上丹治著	180 元
87. 卡拉 OK 健腦法	東潔著	180 元
88. 卡拉 OK 健康法	福田伴男著	180 元
89. 醫藥與生活㈡	鄭炳全著	200 元
90. 洋蔥治百病	宮尾興平著	180 元
91. 年輕 10 歲快步健康法	石塚忠雄著	180 元
92. 石榴的驚人神效	岡本順子著	180 元
93. 飲料健康法	白鳥早奈英著	180 元
94. 健康棒體操	劉名揚編譯	180 元
95. 催眠健康法	蕭京凌編著	180 元
96. 鬱金（美王）治百病	水野修一著	180 元

・實用女性學講座・電腦編號 19

1. 解讀女性內心世界	島田一男著	150 元
2. 塑造成熟的女性	島田一男著	150 元
3. 女性整體裝扮學	黃靜香編著	180 元
4. 女性應對禮儀	黃靜香編著	180 元
5. 女性婚前必修	小野十傳著	200 元
6. 徹底瞭解女人	田口二州著	180 元
7. 拆穿女性謊言 88 招	島田一男著	200 元
8. 解讀女人心	島田一男著	200 元
9. 俘獲女性絕招	志賀貢著	200 元
10. 愛情的壓力解套	中村理英子著	200 元
11. 妳是人見人愛的女孩	廖松濤編著	200 元

・校園系列・電腦編號 20

1. 讀書集中術	多湖輝著	150 元
2. 應考的訣竅	多湖輝著	150 元
3. 輕鬆讀書贏得聯考	多湖輝著	150 元

4. 讀書記憶秘訣　多湖輝著　150元
5. 視力恢復！超速讀術　江錦雲譯　180元
6. 讀書 36 計　黃柏松編著　180元
7. 驚人的速讀術　鐘文訓編著　170元
8. 學生課業輔導良方　多湖輝著　180元
9. 超速讀超記憶法　廖松濤編著　180元
10. 速算解題技巧　宋釗宜編著　200元
11. 看圖學英文　陳炳崑編著　200元
12. 讓孩子最喜歡數學　沈永嘉譯　180元
13. 催眠記憶術　林碧清譯　180元
14. 催眠速讀術　林碧清譯　180元

・實用心理學講座・電腦編號 21

1. 拆穿欺騙伎倆　多湖輝著　140元
2. 創造好構想　多湖輝著　140元
3. 面對面心理術　多湖輝著　160元
4. 偽裝心理術　多湖輝著　140元
5. 透視人性弱點　多湖輝著　140元
6. 自我表現術　多湖輝著　180元
7. 不可思議的人性心理　多湖輝著　180元
8. 催眠術入門　多湖輝著　150元
9. 責罵部屬的藝術　多湖輝著　150元
10. 精神力　多湖輝著　150元
11. 厚黑說服術　多湖輝著　150元
12. 集中力　多湖輝著　150元
13. 構想力　多湖輝著　150元
14. 深層心理術　多湖輝著　160元
15. 深層語言術　多湖輝著　160元
16. 深層說服術　多湖輝著　180元
17. 掌握潛在心理　多湖輝著　160元
18. 洞悉心理陷阱　多湖輝著　180元
19. 解讀金錢心理　多湖輝著　180元
20. 拆穿語言圈套　多湖輝著　180元
21. 語言的內心玄機　多湖輝著　180元
22. 積極力　多湖輝著　180元

・超現實心理講座・電腦編號 22

1. 超意識覺醒法　詹蔚芬編譯　130元
2. 護摩秘法與人生　劉名揚編譯　130元
3. 秘法！超級仙術入門　陸明譯　150元
4. 給地球人的訊息　柯素娥編著　150元

5. 密教的神通力　劉名揚編著　130元
6. 神秘奇妙的世界　平川陽一著　200元
7. 地球文明的超革命　吳秋嬌譯　200元
8. 力量石的秘密　吳秋嬌譯　180元
9. 超能力的靈異世界　馬小莉譯　200元
10. 逃離地球毀滅的命運　吳秋嬌譯　200元
11. 宇宙與地球終結之謎　南山宏著　200元
12. 驚世奇功揭秘　傅起鳳著　200元
13. 啟發身心潛力心象訓練法　栗田昌裕著　180元
14. 仙道術遁甲法　高藤聰一郎著　220元
15. 神通力的秘密　中岡俊哉著　180元
16. 仙人成仙術　高藤聰一郎著　200元
17. 仙道符咒氣功法　高藤聰一郎著　220元
18. 仙道風水術尋龍法　高藤聰一郎著　200元
19. 仙道奇蹟超幻像　高藤聰一郎著　200元
20. 仙道鍊金術房中法　高藤聰一郎著　200元
21. 奇蹟超醫療治癒難病　深野一幸著　220元
22. 揭開月球的神秘力量　超科學研究會　180元
23. 西藏密教奧義　高藤聰一郎著　250元
24. 改變你的夢術入門　高藤聰一郎著　250元
25. 21 世紀拯救地球超技術　深野一幸著　250元

・養 生 保 健・ 電腦編號 23

1. 醫療養生氣功　黃孝寬著　250元
2. 中國氣功圖譜　余功保著　230元
3. 少林醫療氣功精粹　井玉蘭著　250元
4. 龍形實用氣功　吳大才等著　220元
5. 魚戲增視強身氣功　宮　嬰著　220元
6. 嚴新氣功　前新培金著　250元
7. 道家玄牝氣功　張　章著　200元
8. 仙家秘傳袪病功　李遠國著　160元
9. 少林十大健身功　秦慶豐著　180元
10. 中國自控氣功　張明武著　250元
11. 醫療防癌氣功　黃孝寬著　250元
12. 醫療強身氣功　黃孝寬著　250元
13. 醫療點穴氣功　黃孝寬著　250元
14. 中國八卦如意功　趙維漢著　180元
15. 正宗馬禮堂養氣功　馬禮堂著　420元
16. 秘傳道家筋經內丹功　王慶餘著　280元
17. 三元開慧功　辛桂林著　250元
18. 防癌治癌新氣功　郭　林著　180元
19. 禪定與佛家氣功修煉　劉天君著　200元
20. 顛倒之術　梅自強著　360元

21. 簡明氣功辭典	吳家駿編	360 元
22. 八卦三合功	張全亮著	230 元
23. 朱砂掌健身養生功	楊永著	250 元
24. 抗老功	陳九鶴著	230 元
25. 意氣按穴排濁自療法	黃啟運編著	250 元
26. 陳式太極拳養生功	陳正雷著	200 元
27. 健身祛病小功法	王培生著	200 元
28. 張式太極混元功	張春銘著	250 元

· 社會人智囊 · 電腦編號 24

1. 糾紛談判術	清水增三著	160 元
2. 創造關鍵術	淺野八郎著	150 元
3. 觀人術	淺野八郎著	180 元
4. 應急詭辯術	廖英迪編著	160 元
5. 天才家學習術	木原武一著	160 元
6. 貓型狗式鑑人術	淺野八郎著	180 元
7. 逆轉運掌握術	淺野八郎著	180 元
8. 人際圓融術	澀谷昌三著	160 元
9. 解讀人心術	淺野八郎著	180 元
10. 與上司水乳交融術	秋元隆司著	180 元
11. 男女心態定律	小田晉著	180 元
12. 幽默說話術	林振輝編著	200 元
13. 人能信賴幾分	淺野八郎著	180 元
14. 我一定能成功	李玉瓊譯	180 元
15. 獻給青年的嘉言	陳蒼杰譯	180 元
16. 知人、知面、知其心	林振輝編著	180 元
17. 塑造堅強的個性	坂上肇著	180 元
18. 為自己而活	佐藤綾子著	180 元
19. 未來十年與愉快生活有約	船井幸雄著	180 元
20. 超級銷售話術	杜秀卿譯	180 元
21. 感性培育術	黃靜香編著	180 元
22. 公司新鮮人的禮儀規範	蔡媛惠譯	180 元
23. 傑出職員鍛鍊術	佐佐木正著	180 元
24. 面談獲勝戰略	李芳黛譯	180 元
25. 金玉良言撼人心	森純大著	180 元
26. 男女幽默趣典	劉華亭編著	180 元
27. 機智說話術	劉華亭編著	180 元
28. 心理諮商室	柯素娥譯	180 元
29. 如何在公司崢嶸頭角	佐佐木正著	180 元
30. 機智應對術	李玉瓊編著	200 元
31. 克服低潮良方	坂野雄二著	180 元
32. 智慧型說話技巧	沈永嘉編著	180 元
33. 記憶力、集中力增進術	廖松濤編著	180 元

34. 女職員培育術　林慶旺編著　180 元
35. 自我介紹與社交禮儀　柯素娥編著　180 元
36. 積極生活創幸福　田中真澄著　180 元
37. 妙點子超構想　多湖輝著　180 元
38. 說 NO 的技巧　廖玉山編著　180 元
39. 一流說服力　李玉瓊編著　180 元
40. 般若心經成功哲學　陳鴻蘭編著　180 元
41. 訪問推銷術　黃靜香編著　180 元
42. 男性成功秘訣　陳蒼杰編著　180 元
43. 笑容、人際智商　宮川澄子著　180 元
44. 多湖輝的構想工作室　多湖輝著　200 元
45. 名人名語啟示錄　喬家楓著　180 元
46. 口才必勝術　黃柏松編著　220 元
47. 能言善道的說話術　章智冠編著　180 元

・精選系列・電腦編號 25

1. 毛澤東與鄧小平　渡邊利夫等著　280 元
2. 中國大崩裂　江戶介雄著　180 元
3. 台灣・亞洲奇蹟　上村幸治著　220 元
4. 7-ELEVEN 高盈收策略　國友隆一著　180 元
5. 台灣獨立（新・中國日本戰爭一）　森詠著　200 元
6. 迷失中國的末路　江戶雄介著　220 元
7. 2000 年 5 月全世界毀滅　紫藤甲子男著　180 元
8. 失去鄧小平的中國　小島朋之著　220 元
9. 世界史爭議性異人傳　桐生操著　200 元
10. 淨化心靈享人生　松濤弘道著　220 元
11. 人生心情診斷　賴藤和寬著　220 元
12. 中美大決戰　檜山良昭著　220 元
13. 黃昏帝國美國　莊雯琳譯　220 元
14. 兩岸衝突（新・中國日本戰爭二）　森詠著　220 元
15. 封鎖台灣（新・中國日本戰爭三）　森詠著　220 元
16. 中國分裂（新・中國日本戰爭四）　森詠著　220 元
17. 由女變男的我　虎井正衛著　200 元
18. 佛學的安心立命　松濤弘道著　220 元
19. 世界喪禮大觀　松濤弘道著　280 元

・運動遊戲・電腦編號 26

1. 雙人運動　李玉瓊譯　160 元
2. 愉快的跳繩運動　廖玉山譯　180 元
3. 運動會項目精選　王佑京譯　150 元
4. 肋木運動　廖玉山譯　150 元

5. 測力運動 王佑宗譯 150元
6. 游泳入門 唐桂萍編著 200元

・休閒娛樂・電腦編號 27

1. 海水魚飼養法 田中智浩著 300元
2. 金魚飼養法 曾雪玫譯 250元
3. 熱門海水魚 毛利匡明著 480元
4. 愛犬的教養與訓練 池田好雄著 250元
5. 狗教養與疾病 杉浦哲著 220元
6. 小動物養育技巧 三上昇著 300元
7. 水草選擇、培育、消遣 安齊裕司著 300元
20. 園藝植物管理 船越亮二著 220元
40. 撲克牌遊戲與贏牌秘訣 林振輝編著 180元
41. 撲克牌魔術、算命、遊戲 林振輝編著 180元
42. 撲克占卜入門 王家成編著 180元
50. 兩性幽默 幽默選集編輯組 180元
51. 異色幽默 幽默選集編輯組 180元

・銀髮族智慧學・電腦編號 28

1. 銀髮六十樂逍遙 多湖輝著 170元
2. 人生六十反年輕 多湖輝著 170元
3. 六十歲的決斷 多湖輝著 170元
4. 銀髮族健身指南 孫瑞台編著 250元
5. 退休後的夫妻健康生活 施聖茹譯 200元

・飲食保健・電腦編號 29

1. 自己製作健康茶 大海淳著 220元
2. 好吃、具藥效茶料理 德永睦子著 220元
3. 改善慢性病健康藥草茶 吳秋嬌譯 200元
4. 藥酒與健康果菜汁 成玉編著 250元
5. 家庭保健養生湯 馬汴梁編著 220元
6. 降低膽固醇的飲食 早川和志著 200元
7. 女性癌症的飲食 女子營養大學 280元
8. 痛風者的飲食 女子營養大學 280元
9. 貧血者的飲食 女子營養大學 280元
10. 高脂血症者的飲食 女子營養大學 280元
11. 男性癌症的飲食 女子營養大學 280元
12. 過敏者的飲食 女子營養大學 280元
13. 心臟病的飲食 女子營養大學 280元
14. 滋陰壯陽的飲食 王增著 220元

15. 胃、十二指腸潰瘍的飲食 勝健一等著 280 元
16. 肥胖者的飲食 雨宮禎子等著 280 元

・家庭醫學保健・電腦編號 30

1. 女性醫學大全 雨森良彥著 380 元
2. 初為人父育兒寶典 小瀧周曹著 220 元
3. 性活力強健法 相建華著 220 元
4. 30 歲以上的懷孕與生產 李芳黛編著 220 元
5. 舒適的女性更年期 野末悅子著 200 元
6. 夫妻前戲的技巧 笠井寬司著 200 元
7. 病理足穴按摩 金慧明著 220 元
8. 爸爸的更年期 河野孝旺著 200 元
9. 橡皮帶健康法 山田晶著 180 元
10. 三十三天健美減肥 相建華等著 180 元
11. 男性健美入門 孫玉祿編著 180 元
12. 強化肝臟秘訣 主婦の友社編 200 元
13. 了解藥物副作用 張果馨譯 200 元
14. 女性醫學小百科 松山榮吉著 200 元
15. 左轉健康法 龜田修等著 200 元
16. 實用天然藥物 鄭炳全編著 260 元
17. 神秘無痛平衡療法 林宗駛著 180 元
18. 膝蓋健康法 張果馨譯 180 元
19. 針灸治百病 葛書翰著 250 元
20. 異位性皮膚炎治癒法 吳秋嬌譯 220 元
21. 禿髮白髮預防與治療 陳炳崑編著 180 元
22. 埃及皇宮菜健康法 飯森薰著 200 元
23. 肝臟病安心治療 上野幸久著 220 元
24. 耳穴治百病 陳抗美等著 250 元
25. 高效果指壓法 五十嵐康彥著 200 元
26. 瘦水、胖水 鈴木園子著 200 元
27. 手針新療法 朱振華著 200 元
28. 香港腳預防與治療 劉小惠譯 250 元
29. 智慧飲食吃出健康 柯富陽編著 200 元
30. 牙齒保健法 廖玉山編著 200 元
31. 恢復元氣養生食 張果馨譯 200 元
32. 特效推拿按摩術 李玉田著 200 元
33. 一週一次健康法 若狹真著 200 元
34. 家常科學膳食 大塚滋著 220 元
35. 夫妻們關心的男性不孕 原利夫著 220 元
36. 自我瘦身美容 馬野詠子著 200 元
37. 魔法姿勢益健康 五十嵐康彥著 200 元
38. 眼病錘療法 馬栩周著 200 元
39. 預防骨質疏鬆症 藤田拓男著 200 元

40. 骨質增生效驗方	李吉茂編著	250元
41. 蕺菜健康法	小林正夫著	200元
42. 赧於啟齒的男性煩惱	增田豐著	220元
43. 簡易自我健康檢查	稻葉允著	250元
44. 實用花草健康法	友田純子著	200元
45. 神奇的手掌療法	日比野喬著	230元
46. 家庭式三大穴道療法	刑部忠和著	200元
47. 子宮癌、卵巢癌	岡島弘幸著	220元
48. 糖尿病機能性食品	劉雪卿編著	220元
49. 奇蹟活現經脈美容法	林振輝編譯	200元
50. Super SEX	秋好憲一著	220元
51. 了解避孕丸	林玉佩譯	200元
52. 有趣的遺傳學	蕭京凌編著	200元
53. 強身健腦手指運動	羅群等著	250元

・超經營新智慧・電腦編號 31

1. 躍動的國家越南	林雅倩譯	250元
2. 甦醒的小龍菲律賓	林雅倩譯	220元
3. 中國的危機與商機	中江要介著	250元
4. 在印度的成功智慧	山內利男著	220元
5. 7-ELEVEN 大革命	村上豐道著	200元
6. 業務員成功秘方	呂育清編著	200元
7. 在亞洲成功的智慧	鈴木讓二著	220元

・親子系列・電腦編號 32

1. 如何使孩子出人頭地	多湖輝著	200元
2. 心靈啟蒙教育	多湖輝著	280元

・雅致系列・電腦編號 33

1. 健康食譜春冬篇	丸元淑生著	200元
2. 健康食譜夏秋篇	丸元淑生著	200元
3. 純正家庭料理	陳建民等著	200元
4. 家庭四川菜	陳建民著	200元
5. 醫食同源健康美食	郭長聚著	200元
6. 家族健康食譜	東畑朝子著	200元

・美術系列・電腦編號 34

1. 可愛插畫集	鉛筆等著	220元
2. 人物插畫集	鉛筆等著	元

·心 靈 雅 集· 電腦編號 00

1. 禪言佛語看人生	松濤弘道著	180 元
2. 禪密教的奧秘	葉逯謙譯	120 元
3. 觀音大法力	田口日勝著	120 元
4. 觀音法力的大功德	田口日勝著	120 元
5. 達摩禪 106 智慧	劉華亭編譯	220 元
6. 有趣的佛教研究	葉逯謙編譯	170 元
7. 夢的開運法	蕭京凌譯	130 元
8. 禪學智慧	柯素娥編譯	130 元
9. 女性佛教入門	許俐萍譯	110 元
10. 佛像小百科	心靈雅集編譯組	130 元
11. 佛教小百科趣談	心靈雅集編譯組	120 元
12. 佛教小百科漫談	心靈雅集編譯組	150 元
13. 佛教知識小百科	心靈雅集編譯組	150 元
14. 佛學名言智慧	松濤弘道著	220 元
15. 釋迦名言智慧	松濤弘道著	220 元
16. 活人禪	平田精耕著	120 元
17. 坐禪入門	柯素娥編譯	150 元
18. 現代禪悟	柯素娥編譯	130 元
19. 道元禪師語錄	心靈雅集編譯組	130 元
20. 佛學經典指南	心靈雅集編譯組	130 元
21. 何謂「生」阿含經	心靈雅集編譯組	150 元
22. 一切皆空　般若心經	心靈雅集編譯組	180 元
23. 超越迷惘　法句經	心靈雅集編譯組	130 元
24. 開拓宇宙觀　華嚴經	心靈雅集編譯組	180 元
25. 真實之道　法華經	心靈雅集編譯組	130 元
26. 自由自在　涅槃經	心靈雅集編譯組	130 元
27. 沈默的教示　維摩經	心靈雅集編譯組	150 元
28. 開通心眼　佛語佛戒	心靈雅集編譯組	130 元
29. 揭秘寶庫　密教經典	心靈雅集編譯組	180 元
30. 坐禪與養生	廖松濤譯	110 元
31. 釋尊十戒	柯素娥編譯	120 元
32. 佛法與神通	劉欣如編著	120 元
33. 悟（正法眼藏的世界）	柯素娥編譯	120 元
34. 只管打坐	劉欣如編著	120 元
35. 喬答摩・佛陀傳	劉欣如編著	120 元
36. 唐玄奘留學記	劉欣如編著	120 元
37. 佛教的人生觀	劉欣如編譯	110 元
38. 無門關(上卷)	心靈雅集編譯組	150 元
39. 無門關(下卷)	心靈雅集編譯組	150 元
40. 業的思想	劉欣如編著	130 元
41. 佛法難學嗎	劉欣如著	140 元

42. 佛法實用嗎　劉欣如著　140元
43. 佛法殊勝嗎　劉欣如著　140元
44. 因果報應法則　李常傳編　180元
45. 佛教醫學的奧秘　劉欣如編著　150元
46. 紅塵絕唱　海　若著　130元
47. 佛教生活風情　洪丕謨、姜玉珍著　220元
48. 行住坐臥有佛法　劉欣如著　160元
49. 起心動念是佛法　劉欣如著　160元
50. 四字禪語　曹洞宗青年會　200元
51. 妙法蓮華經　劉欣如編著　160元
52. 根本佛教與大乘佛教　葉作森編　180元
53. 大乘佛經　定方晟著　180元
54. 須彌山與極樂世界　定方晟著　180元
55. 阿闍世的悟道　定方晟著　180元
56. 金剛經的生活智慧　劉欣如著　180元
57. 佛教與儒教　劉欣如編譯　180元
58. 佛教史入門　劉欣如編譯　180元
59. 印度佛教思想史　劉欣如編譯　200元
60. 佛教與女姓　劉欣如編譯　180元
61. 禪與人生　洪丕謨主編　260元

・經 營 管 理・電腦編號 01

◎ 創新經營管理六十六大計(精)　蔡弘文編　780元
1. 如何獲取生意情報　蘇燕謀譯　110元
2. 經濟常識問答　蘇燕謀譯　130元
4. 台灣商戰風雲錄　陳中雄著　120元
5. 推銷大王秘錄　原一平著　180元
6. 新創意・賺大錢　王家成譯　90元
7. 工廠管理新手法　琪　輝著　120元
10. 美國實業24小時　柯順隆譯　80元
11. 撼動人心的推銷法　原一平著　150元
12. 高竿經營法　蔡弘文編　120元
13. 如何掌握顧客　柯順隆譯　150元
17. 一流的管理　蔡弘文編　150元
18. 外國人看中韓經濟　劉華亭譯　150元
20. 突破商場人際學　林振輝編著　90元
22. 如何使女人打開錢包　林振輝編著　100元
24. 小公司經營策略　王嘉誠著　160元
25. 成功的會議技巧　鐘文訓編譯　100元
26. 新時代老闆學　黃柏松編著　100元
27. 如何創造商場智囊團　林振輝編譯　150元
28. 十分鐘推銷術　林振輝編譯　180元
29. 五分鐘育才　黃柏松編譯　100元

33. 自我經濟學	廖松濤編譯	100 元
34. 一流的經營	陶田生編著	120 元
35. 女性職員管理術	王昭國編譯	120 元
36. ＩＢＭ的人事管理	鐘文訓編譯	150 元
37. 現代電腦常識	王昭國編譯	150 元
38. 電腦管理的危機	鐘文訓編譯	120 元
39. 如何發揮廣告效果	王昭國編譯	150 元
40. 最新管理技巧	王昭國編譯	150 元
41. 一流推銷術	廖松濤編譯	150 元
42. 包裝與促銷技巧	王昭國編譯	130 元
43. 企業王國指揮塔	松下幸之助著	120 元
44. 企業精銳兵團	松下幸之助著	120 元
45. 企業人事管理	松下幸之助著	100 元
46. 華僑經商致富術	廖松濤編譯	130 元
47. 豐田式銷售技巧	廖松濤編譯	180 元
48. 如何掌握銷售技巧	王昭國編著	130 元
50. 洞燭機先的經營	鐘文訓編譯	150 元
52. 新世紀的服務業	鐘文訓編譯	100 元
53. 成功的領導者	廖松濤編譯	120 元
54. 女推銷員成功術	李玉瓊編譯	130 元
55. ＩＢＭ人才培育術	鐘文訓編譯	100 元
56. 企業人自我突破法	黃琪輝編著	150 元
58. 財富開發術	蔡弘文編著	130 元
59. 成功的店舖設計	鐘文訓編著	150 元
61. 企管回春法	蔡弘文編著	130 元
62. 小企業經營指南	鐘文訓編譯	100 元
63. 商場致勝名言	鐘文訓編譯	150 元
64. 迎接商業新時代	廖松濤編譯	100 元
66. 新手股票投資入門	何朝乾編著	200 元
67. 上揚股與下跌股	何朝乾編譯	180 元
68. 股票速成學	何朝乾編譯	200 元
69. 理財與股票投資策略	黃俊豪編著	180 元
70. 黃金投資策略	黃俊豪編著	180 元
71. 厚黑管理學	廖松濤編譯	180 元
72. 股市致勝格言	呂梅莎編譯	180 元
73. 透視西武集團	林谷燁編譯	150 元
76. 巡迴行銷術	陳蒼杰譯	150 元
77. 推銷的魔術	王嘉誠譯	120 元
78. 60 秒指導部屬	周蓮芬編譯	150 元
79. 精銳女推銷員特訓	李玉瓊編譯	130 元
80. 企劃、提案、報告圖表的技巧	鄭汶譯	180 元
81. 海外不動產投資	許達守編譯	150 元
82. 八百伴的世界策略	李玉瓊譯	150 元
83. 服務業品質管理	吳宜芬譯	180 元

84. 零庫存銷售	黃東謙編譯	150 元
85. 三分鐘推銷管理	劉名揚編譯	150 元
86. 推銷大王奮鬥史	原一平著	150 元
87. 豐田汽車的生產管理	林谷燁編譯	150 元

・成　功　寶　庫・電腦編號 02

1. 上班族交際術	江森滋著	100 元
2. 拍馬屁訣竅	廖玉山編譯	110 元
4. 聽話的藝術	歐陽輝編譯	110 元
9. 求職轉業成功術	陳義編著	110 元
10. 上班族禮儀	廖玉山編著	120 元
11. 接近心理學	李玉瓊編著	100 元
12. 創造自信的新人生	廖松濤編著	120 元
15. 神奇瞬間瞑想法	廖松濤編譯	100 元
16. 人生成功之鑰	楊意苓編著	150 元
19. 給企業人的諍言	鐘文訓編著	120 元
20. 企業家自律訓練法	陳義編譯	100 元
21. 上班族妖怪學	廖松濤編著	100 元
22. 猶太人縱橫世界的奇蹟	孟佑政編著	110 元
25. 你是上班族中強者	嚴思圖編著	100 元
30. 成功頓悟 100 則	蕭京凌編譯	130 元
32. 知性幽默	李玉瓊編譯	130 元
33. 熟記對方絕招	黃靜香編譯	100 元
37. 察言觀色的技巧	劉華亭編著	180 元
38. 一流領導力	施義彥編譯	120 元
40. 30 秒鐘推銷術	廖松濤編譯	150 元
42. 尖端時代行銷策略	陳蒼杰編著	100 元
43. 顧客管理學	廖松濤編著	100 元
44. 如何使對方說 Yes	程羲編著	150 元
47. 上班族口才學	楊鴻儒譯	120 元
48. 上班族新鮮人須知	程羲編著	120 元
49. 如何左右逢源	程羲編著	130 元
50. 語言的心理戰	多湖輝著	130 元
55. 性惡企業管理學	陳蒼杰譯	130 元
56. 自我啟發 200 招	楊鴻儒編著	150 元
57. 做個傑出女職員	劉名揚編著	130 元
58. 靈活的集團營運術	楊鴻儒編著	120 元
60. 個案研究活用法	楊鴻儒編著	130 元
61. 企業教育訓練遊戲	楊鴻儒編著	120 元
62. 管理者的智慧	程義編譯	130 元
63. 做個佼佼管理者	馬筱莉編譯	130 元
67. 活用禪學於企業	柯素娥編譯	130 元
69. 幽默詭辯術	廖玉山編譯	150 元

70. 拿破崙智慧箴言	柯素娥編譯	130 元
71. 自我培育・超越	蕭京凌編譯	150 元
74. 時間即一切	沈永嘉編譯	130 元
75. 自我脫胎換骨	柯素娥譯	150 元
76. 贏在起跑點　人才培育鐵則	楊鴻儒編譯	150 元
77. 做一枚活棋	李玉瓊編譯	130 元
78. 面試成功戰略	柯素娥編譯	130 元
81. 瞬間攻破心防法	廖玉山編譯	120 元
82. 改變一生的名言	李玉瓊編譯	130 元
83. 性格性向創前程	楊鴻儒編譯	130 元
84. 訪問行銷新竅門	廖玉山編譯	150 元
85. 無所不達的推銷話術	李玉瓊編譯	150 元

・處　世　智　慧・電腦編號 03

1. 如何改變你自己	陸明編譯	120 元
6. 靈感成功術	譚繼山編譯	80 元
8. 扭轉一生的五分鐘	黃柏松編譯	100 元
10. 現代人的詭計	林振輝譯	100 元
14. 女性的智慧	譚繼山編譯	90 元
16. 人生的體驗	陸明編譯	80 元
18. 幽默吹牛術	金子登著	90 元
24. 慧心良言	亦奇著	80 元
25. 名家慧語	蔡逸鴻主編	90 元
28. 如何發揮你的潛能	陸明編譯	90 元
29. 女人身態語言學	李常傳譯	130 元
30. 摸透女人心	張文志譯	90 元
32. 給女人的悄悄話	妮倩編譯	90 元
36. 成功的捷徑	鐘文訓譯	70 元
37. 幽默逗笑術	林振輝著	120 元
38. 活用血型讀書法	陳炳崑譯	80 元
39. 心　燈	葉于模著	100 元
41. 心・體・命運	蘇燕謀譯	70 元
43. 宮本武藏五輪書金言錄	宮本武藏著	100 元
47. 成熟的愛	林振輝譯	120 元
48. 現代女性駕馭術	蔡德華著	90 元
49. 禁忌遊戲	酒井潔著	90 元
53. 如何達成願望	謝世輝著	90 元
54. 創造奇蹟的「想念法」	謝世輝著	90 元
55. 創造成功奇蹟	謝世輝著	90 元
57. 幻想與成功	廖松濤譯	80 元
58. 反派角色的啟示	廖松濤編譯	70 元
59. 現代女性須知	劉華亭編著	75 元
62. 如何突破內向	姜倩怡編譯	110 元

64. 讀心術入門	王家成編譯	100 元
65. 如何解除內心壓力	林美羽編著	110 元
66. 取信於人的技巧	多湖輝著	110 元
68. 自我能力的開拓	卓一凡編著	110 元
70. 縱橫交涉術	嚴思圖編著	90 元
71. 如何培養妳的魅力	劉文珊編著	90 元
75. 個性膽怯者的成功術	廖松濤編譯	100 元
76. 人性的光輝	文可式編著	90 元
79. 培養靈敏頭腦秘訣	廖玉山編著	90 元
80. 夜晚心理術	鄭秀美編譯	80 元
81. 如何做個成熟的女性	李玉瓊編著	80 元
82. 現代女性成功術	劉文珊編著	90 元
83. 成功說話技巧	梁惠珠編譯	100 元
84. 人生的真諦	鐘文訓編譯	100 元
87. 指尖・頭腦體操	蕭京凌編譯	90 元
88. 電話應對禮儀	蕭京凌編著	120 元
89. 自我表現的威力	廖松濤編譯	100 元
91. 男與女的哲思	程鐘梅編譯	110 元
92. 靈思慧語	牧風著	110 元
93. 心靈夜語	牧風著	100 元
94. 激盪腦力訓練	廖松濤編譯	100 元
95. 三分鐘頭腦活性法	廖玉山編譯	110 元
96. 星期一的智慧	廖玉山編譯	100 元
97. 溝通說服術	賴文琇編譯	100 元

・健 康 與 美 容・電腦編號 04

3. 媚酒傳(中國王朝秘酒)	陸明主編	120 元
5. 中國回春健康術	蔡一藩著	100 元
6. 奇蹟的斷食療法	蘇燕謀譯	130 元
8. 健美食物法	陳炳崑譯	120 元
9. 驚異的漢方療法	唐龍編著	90 元
10. 不老強精食	唐龍編著	100 元
12. 五分鐘跳繩健身法	蘇明達譯	100 元
13. 睡眠健康法	王家成譯	80 元
14. 你就是名醫	張芳明譯	90 元
19. 釋迦長壽健康法	譚繼山譯	90 元
20. 腳部按摩健康法	譚繼山譯	120 元
21. 自律健康法	蘇明達譯	90 元
23. 身心保健座右銘	張仁福著	160 元
24. 腦中風家庭看護與運動治療	林振輝譯	100 元
25. 秘傳醫學人相術	成玉主編	120 元
26. 導引術入門(1)治療慢性病	成玉主編	110 元
27. 導引術入門(2)健康・美容	成玉主編	110 元

28.導引術入門(3)身心健康法	成玉主編	110元
29.妙用靈藥・蘆薈	李常傳譯	150元
30.萬病回春百科	吳通華著	150元
31.初次懷孕的10個月	成玉編譯	130元
32.中國秘傳氣功治百病	陳炳崑編譯	130元
35.仙人長生不老學	陸明編譯	100元
36.釋迦秘傳米粒刺激法	鐘文訓譯	120元
37.痔・治療與預防	陸明編譯	130元
38.自我防身絕技	陳炳崑編譯	120元
39.運動不足時疲勞消除法	廖松濤譯	110元
40.三溫暖健康法	鐘文訓編譯	90元
43.維他命與健康	鐘文訓譯	150元
45.森林浴一綠的健康法	劉華亭編譯	80元
47.導引術入門(4)酒浴健康法	成玉主編	90元
48.導引術入門(5)不老回春法	成玉主編	90元
49.山白竹(劍竹)健康法	鐘文訓譯	90元
50.解救你的心臟	鐘文訓編譯	100元
52.超人氣功法	陸明編譯	110元
54.借力的奇蹟(1)	力拔山著	100元
55.借力的奇蹟(2)	力拔山著	100元
56.五分鐘小睡健康法	呂添發撰	120元
59.艾草健康法	張汝明編譯	90元
60.一分鐘健康診斷	蕭京凌編譯	90元
61.念術入門	黃靜香編譯	90元
62.念術健康法	黃靜香編譯	90元
63.健身回春法	梁惠珠編譯	100元
64.姿勢養生法	黃秀娟編譯	90元
65.仙人瞑想法	鐘文訓譯	120元
66.人蔘的神效	林慶旺譯	100元
67.奇穴治百病	吳通華著	120元
68.中國傳統健康法	靳海東著	100元
71.酵素健康法	楊皓編譯	120元
73.腰痛預防與治療	五味雅吉著	130元
74.如何預防心臟病・腦中風	譚定長等著	100元
75.少女的生理秘密	蕭京凌譯	120元
76.頭部按摩與針灸	楊鴻儒譯	100元
77.雙極療術入門	林聖道著	100元
78.氣功自療法	梁景蓮著	120元
79.大蒜健康法	李玉瓊編譯	120元
81.健胸美容秘訣	黃靜香譯	120元
82.鍺奇蹟療效	林宏儒譯	120元
83.三分鐘健身運動	廖玉山譯	120元
84.尿療法的奇蹟	廖玉山譯	120元
85.神奇的聚積療法	廖玉山譯	120元

國家圖書館出版品預行編目資料

考試憑要領/劉孝暉編著
——初版，——臺北市，大展，1999〔民88〕
172面；21公分，——（校園系列；16）
ISBN 957-557-934-8（平裝）
1.考試指南　2.學習方法　3.閱讀法
521.1　　88007721

考試憑要領

ISBN957-557-934-8

編著者/ 劉　孝　暉
發行人/ 蔡　森　明
出版者/ 大展出版社有限公司
社　址/ 台北市北投區（石牌）致遠一路2段12巷1號
電　話/（02）28236031・28236033
傳　真/（02）28272069
郵政劃撥/ 01669551
登記證/ 局版臺業字第2171號
承印者/ 高星印刷品行
裝　訂/ 日新裝訂所
排版者/ 弘益電腦排版有限公司
電　話/（02）27112792
初版1刷/ 1999年（民88年） 8月

定價/ 180元

大展好書 好書大展

大展好書 好書大展